TAROT DE
MARSELLA
[Tarot de los Bohemios]

Nota de los editores.

El título original de esta obra es: *El Tarot de los Bohemios*, pero el mismo Dr. Papus en la página 83 nos dice que el *Tarot de Marsella* es el más exacto desde el punto de vista simbólico y el mejor tarot que existe para su estudio, esta es la razón por la cual decidimos cambiar el título original.

DR. PAPUS

TAROT DE MARSELLA
[Tarot de los Bohemios]

Clave absoluta de la Ciencia Oculta

Todo conocimiento intelectual o físico parte del
Oriente y es también del Oriente que con ello vengo.
Narad. Los bohemios

Traducción de Wronski ∴ M ∴ de la Orden Martinista

BERBERA EDITORES S.A DE C.V.

Delibes No. 96 Col. Guadalupe Victoria C.P. 07790
México, D.F. Tel: 5 356 4405, Fax: 5 356 6599
Página Web: www.berbera.com.mx
Correo electrónico: editores@berbera.com.mx

© Berbera Editores, S. A. de C. V.

© Tarot de Marsella.
(Tarot de los Bohemios).

© Gerard Encausse (Papus).

1ª. Edición: agosto de 2005.

6ª. Reimpresión: enero de 2014.

ISBN: 968-5275-90-4

Impreso en México
Printed in Mexico

PRIMERA PARTE

CLAVE GENERAL DEL TAROT
Dando la clave absoluta de la Ciencia Oculta

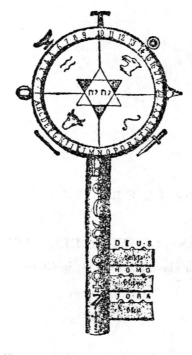

Clave absoluta de la Ciencia Oculta

dada por Guillermo POSTEL y completada por Eliplas LEVI

CAPITULO PRIMERO

INTRODUCCION AL ESTUDIO DEL TAROT

> *Es por lo que hay que abrir el libro y sopesar cuidadosamente cuanto sea deducido. Entonces reconoceréis que la droga contenida en su interior era muy diferente a lo que prometía su estuche; es decir que las materias aquí tratadas no eran tan disparatadas como podría inferirse del título que las encabeza.*
>
> RABELAIS.

Próxima muerte del materialismo — La síntesis — La ciencia oculta — Las sociedades secretas — Los cultos — El pueblo, órgano de transmisión del esoterismo — Los bohemios — La palabra sagrada de la masonería — Nuestro trabajo.

Estamos en la víspera de una transformación total de nuestros métodos científicos. El materialismo ha dado cuanto era posible esperar de él y los investigadores, desilusionados en su mayoría, esperan del porvenir lo suficiente como para no descansar por más tiempo sobre los errores del presente. El análisis ha sido llevado, en todas las ramas de nuestros conocimientos, tan lejos como era posible; lo cual no ha hecho mas que aumentar la profundidad de los barrancos que separan las ciencias.

La síntesis es necesaria; mas, ¿cómo realizarla?

Si nos dignamos abandonar por un instante nuestra creencia en el progreso indefinido y en la superioridad fatal de las nuevas generaciones sobre las antiguas, descubriremos fácilmente que las colosales civilizaciones del pasado tuvieron también una ciencia, universidades y escuelas.

La India y el Egipto están todavía sembradas de restos preciosos, que revelan al arqueólogo la existencia de esta ciencia antigua.

En la actualidad nos hallamos en condiciones para afirmar que la característica dominante de esta enseñanza era la síntesis, la cual reunía en algunas leyes muy simples la suma de todos los conocimientos adquiridos.

Es importante enumerar las causas que nos han hecho perder esta síntesis, casi por completo.

Antiguamente la ciencia era enseñada a ciertas personas apropiadas que habían logrado salir airosas de una serie de pruebas. Esta enseñanza se realizaba en el templo, bajo el nombre de *misterios*; el sabio tomaba entonces el título de *sacerdote* o *iniciado*. La ciencia era otrora *secreta* u *oculta*; de aquí el nombre de *ciencia oculta*, conferida por los contemporáneos a la síntesis antigua.

Otra causa que explica la poca difusión de las elevadas enseñanzas está representada por la falta de medios de transportes y por las extensas rutas que era necesario recorrer para alcanzar los más importantes centros iniciáticos.

Sin embargo cuando los iniciados presintieron que se aproximaba el momento en el cual todos sus conocimientos quedarían definitivamente perdidos para la humanidad, apelaron a todos los medios imaginables para salvar la síntesis de la destrucción que la amenazaba. Para ello se les ofrecía tres medios principales:

1º Las sociedades secretas, continuación directa de los misterios.

2º Los cultos, expresión simbólica de las elevadas enseñanzas, para el vulgo.

3º Por último, los mismos pueblos, transformados en inconscientes depositarios de la ciencia.

Veamos qué ha hecho cada grupo del depósito que le fuera confiado.

LAS SOCIEDADES SECRETAS

La escuela de Alejandría constituyó la fuente principal de la que emanaron las sociedades secretas occidentales.

La mayoría de los iniciados se habían refugiado en oriente, y hace relativamente poco tiempo, fué revelado al occidente que en la India, y sobre todo en el Tibet, algunas fraternidades ocultas conservaban intacta la síntesis antigua.

Pero la existencia en oriente de dicha ciencia nos interesa menos que la historia del desarrollo de las sociedades iniciáticas en el occidente.

Las sectas Gnósticas, los Arabes, los Alquimistas, los Templarios, los Rosacruces y, por último, los Masones, forman la cadena occidental de transmisión de la ciencia oculta.

Una simple ojeada sobre las enseñanzas de estas asociaciones nos permitirá comprobar que la Masonería actual ha perdido casi por completo el sentido de los símbolos tradicionales, que constituía precisamente el depósito que debía transmitir de edad en edad.

Todas las ceremonias del ritual aparecen ridículas al grosero sentido común del abogado o del tendero, vivientes representantes en la hora actual, de las profundas enseñanzas de la antigüedad.

Debemos, no obstante, hacer algunas excepciones en favor de ciertos grandes pensadores, tales como Ragon y algunos otros.

En resumen, la Masonería ha perdido el depósito que le fuera confiado, y, ella sola, no puede darnos la ley sintética que buscamos.

LOS CULTOS

Las sociedades secretas debían ante todo transmitir en su simbolismo el aspecto científico de la iniciación primitiva, en cambio las sectas religiosas debían dar preferencia al lado filosófico y metafísico de la enseñanza.

Todo sacerdote de un culto antiguo era un *iniciado*, es decir que sabía perfectamente que no existía más que una sola religión y que la diferencia de los cultos respondía a la necesidad de adaptarla al temperamento de cada pueblo en particular.

De lo dicho se desprende una consecuencia importante, y es que el sacerdote de un dios, cualquiera que éste fuera, era honrosamente acogido en el templo de cualquier otro dios e invitado a ofrendarle sacrificio. Sin embargo, sería un lamentable error ver en esto una prueba de politeísmo. El gran sacerdote judío de Jerusalem recibió en el templo a un iniciado, Alejandro el Grande, y lo condujo al sagrado santuario para ofrecer un sacrificio.

Nuestras querellas religiosas por la supremacía de un culto determinado habría hecho reír a un sacerdote iniciado, de la antigüedad, incapaz de concebir que hombres inteligentes puedan ignorar la identidad de religión expresada por todos los cultos.

Semejante sectarismo, defendido por dos cultos ciegos para sus propios errores: los cristianos y los musulmanes, es la causa que motivó la pérdida total de la enseñanza secreta, que daba la clave de la unidad sintética.

Desde luego sería más fácil encontrar la síntesis en la Masonería que en nuestras religiones occidentales.

Tan sólo los Judíos poseen, si no el sentido, al menos la letra de su tradición oral o cábala. La biblia escrita en el idioma judío constituye, desde este punto de vista, una verdadera maravilla. Contiene todas las tradiciones ocultas, pero el verdadero sentido de la biblia no ha sido jamás revelado. Solamente los trabajos de Fabre D' Olivet han dado comienzo a esta tarea prodigiosa y la traducción del Génesis ha sido al fin reconstituída por Saint Yves d'Alueydre en su "Teogonía de los Patriarcas". Los ignorantes descendientes de la inquisición, cuya sede está en Roma, han puesto en el index estos estudios. El porvenir los juzgará.

No obstante cada culto tiene su tradición, su libro, su biblia que enseña, a los que entienden, la unidad de ese culto con todos los demás.

El *Sepher Bereschit* de Moisés es la biblia judía, el *Apocalipsis* y el *Evangelio Esotérico* forma la biblia cristiana, la *Leyenda de Hiram* es la biblia masónica, la *Odisea* la del pretendido politeísmo griego, la *Eneida* la de Roma, en fin, los *Vedas* hindú y el *Corán* musulmano son demasiados conocidos para hablar de ellos.

Cuando se posee la clave, todas estas biblias revelan una misma doctrina.

Esta llave, que puede abrir el esoterismo, está perdida para los sectarios de nuestros cultos occidentales. Por lo tanto es inútil buscarla entre ellos.

LOS PUEBLOS

Los sabios no se habían hecho muchas ilusiones respecto al porvenir de esta tradición confiada a la inteligencia y virtud de las generaciones futuras.

Moisés había elegido un pueblo para preservar al través de las edades el libro que resumía toda la ciencia del Egipto; pero antes de Moisés, los iniciados hindúes eligieron otro para transmitir a las generaciones venideras la enseñanza primitiva de las grandes civilizaciones de la Atlántida.

El pueblo no ha burlado jamás las esperanzas de aquellos que depositaron en él su buena fe. Ignorando las verdades que posee, no se preocupa de alterarlas en lo más mínimo y considera un sacrilegio el más leve atentado contra su depósito.

Así es como los Judíos nos han transmitido, intactas, todas las letras que forman el *Sepher* de Moisés. Pero Moisés no resolvió el problema en la forma magistral como lo hicieron los Tibetanos.

Entregar a un pueblo un libro para que lo adore y lo conserve intacto, está bien; pero dar a un pueblo un libro que le ayude a vivir, es todavía mejor.

El pueblo encargado de transmitir, desde la más lejana antigüedad, el conocimiento oculto, es el *pueblo bohemio*.

LOS BOHEMIOS

Los bohemios poseen una biblia; esta biblia les facilita el diario vivir, pues con ella predican la buenaventura; esta biblia es también un motivo continuo de ocio, puesto que les permite entretenerse jugando.

Sí, ese juego de cartas denominado Tarot, que poseen los bohemios, es la biblia de las biblias. Es el libro de Thot-Hermes-Trismegisto, es el libro de Adán, es el libro de la revelación primitiva de las antiguas civilizaciones.

Cuando el Masón, hombre inteligente y virtuoso, ha perdido la tradición; cuando el sacerdote, hombre igualmente inteligente y virtuoso, ha perdido su esoterismo; los Bohemios, hombres ignorantes y viciosos, nos dan la clave que nos permitirá explicar todos los simbolismos.

¿Cómo no admirar la sabiduría de estos iniciados que han utilizado el vicio y le han hecho producir, desde el punto de vista del bien, mejores resultados que a la virtud?

Este juego de cartas de los bohemios es un libro maravilloso, como acertadamente lo ha observado Court de Gébelin y sobre todo Vaillant. Este juego, con el nombre de Tarot, Tora, Rota, ha formado sucesivamente la base de la enseñanza sintética de todos los pueblos antiguos.

Allí donde el hombre del pueblo no ve otra cosa que un simple pasatiempo, los pensadores vuelven a encontrar la clave de esta obscura tradición. Raymond Lulle basa su *Ars Magna* sobre el Tarot y logra reemplazar el cerebro humano con el automatismo de aquél; Jerome Cardan escribe sobre las claves del Tarot un tratado de la sutilidad; Guillaume Postel halla en el Tarot la llave de las cosas ocultas y Louis Claude de Saint Martin, el filósofo desconocido, ve descriptos en ellos los lazos misteriosos que unen a Dios, el Universo y el Hombre.

Es gracias al Tarot que hallaremos y desarrollaremos esta ley sintética encerrada en todos los simbolismos.

Se acerca la hora en que la palabra perdida será nuevamente hallada: Maestros, Rosacruces y Kadosch, vosotros que formáis el triángulo sagrado de la iniciación, recordad.

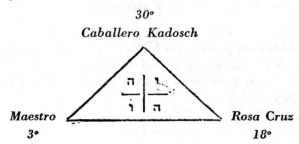

30°

Caballero Kadosch

Maestro
3°

Rosa Cruz
18°

Acuérdate MAESTRO, de ese hombre ilustre, asesinado por la más cobarde de las conjuraciones; acuérdate de *Hiram* del cual esperas con fe la resurrección prometida por la Rama de la Acacia (Hiram-Hermes-Mariah).

Acuérdate ROSACRUZ, de esa *palabra misteriosa* que has buscado durante tanto tiempo, pero cuyo significado se te oculta todavía.

Acuérdate KADOSCH, del *símbolo magnífico* que irradiaba en el centro del triángulo luminoso cuando te fué revelada la verdadera significación de la letra "G".

HIRAM-INRI-(IOD-HE-VAU-HE) encierra idéntico misterio bajo diferentes aspectos.

El que ha comprendido una de estas palabras posee la llave que abre la *tumba de Hiram,* símbolo de la ciencia sintética de los antiguos; puede abrir esta tumba y penetrar sin temor en el *corazón* del maestro venerable, símbolo de la enseñanza esotérica.

El Tarot entero está construído sobre esta palabra dispuesta en forma de rueda, ROTA.

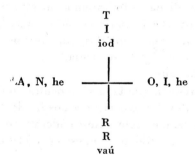

INRI es la palabra que os revela la identidad de vuestro origen, o Masones o Católicos.

Igne Natura Renovatur Integra.

Iesus Nazareus Rex Iudeorum son los polos opuestos, científicos y religiosos, físicos y metafísicos de una idéntica doctrina.

IOD-HE-VAU-HE (ה ו ה י) es la palabra que os señala la unidad de vuestro origen, oh! Masones, oh! Cabalistas. TARO, TORA, ROTA son las palabras que os indican a todos vosotros, orientales y occidentales, la unidad de vuestros deberes y aspiraciones en el Eterno Adán-Eva, fuente de todos nuestros conocimientos y creencias.

Salud, pues, nómades bohemios, a quienes agradecemos la conservación de este maravilloso instrumento, resumen sintético de toda la enseñanza antigua.

NUESTRO TRABAJO

Comenzaremos por un estudio preliminar respecto a los elementos de la cábala y de los números.

Munido de estos datos, expondremos en todos sus detalles la construcción del Tarot, estudiando por separado cada una de las piezas que componen nuestra máquina, para luego pasar a la acción que cada una ejerce sobre la otra. Seremos en este punto lo más explícitos posible.

A continuación abordaremos algunas aplicaciones de la máquina, pero solamente algunas, dejando al verdadero investigador el cuidado de hallar las demás. Limitaremos nuestro trabajo a una sola clave, constituída por una fórmula sintética; facilitaremos tan sólo la herramienta de trabajo. Aquellos que desean aprender que la utilicen a su sabor, y, con toda seguridad, apreciarán la utilidad de sus esfuerzos y de los nuestros.

Aquellos que suponen que la ciencia oculta no debe ser develada pueden estar tranquilos. La experiencia nos ha demostrado que puede decirse todo sin temor; sólo comprenderán aquellos que deben comprender; los demás tildan a nuestros escritos de obscuros e ininteligibles.

Hemos advertido a éstos encabezando nuestro trabajo con la leyenda siguiente:

Para el uso exclusivo de los iniciados.

Es una característica de las ciencias ocultas el poder ser comentadas ante cualquiera.

Semejante a las párabolas, tan caras a los antiguos, producen en muchos la impresión de tratarse de simples elucubraciones de una imaginación calenturienta; por lo tanto el temor de hablar es infundado: el Verbo no tocará más que a los predestinados a recibirlo.

Es a todos vosotros, filósofos de la unidad, enemigos del sectarismo científico, social y religioso, a quienes me dirijo; es a vosotros a quienes dedico el precio de varios años de trabajo. Ojalá pueda yo contribuir con ésto a la edificación del templo que vais a construir en nombre del Dios Desconocido, del cual emanan todos los otros *Dioses* en la eternidad.

A la memoria del redactor de la "Iniciación", el Economista JULIÁN LEJAY.

CAPITULO SEGUNDO

(יהוה)

EL NOMBRE SAGRADO IOD-HE-VAU-HE

La cábala y el nombre sagrado — La iod — La he — La vau — La 2ª he — Síntesis del nombre sagrado.

Si debemos creer a la antigua tradición oral o Cábala, existe un nombre sagrado que revela, al mortal que descubra la verdadera pronunciación, la clave de todas las ciencias divinas y humanas. Este nombre que los israelitas no pronuncian jamás, y que el gran sacerdote decía una vez al año en medio de los gritos del pueblo profano, es aquel que se halla en la cima de todas las iniciaciones, aquel que irradia en el centro del triángulo resplandeciente correspondiente al grado 33 de la Masonería Escocesa, aquel que se instala sobre el pórtico de nuestras viejas catedrales; está formado por cuatro letras hebreas y se lee: iod-he-vau-he.

Se las emplea en el Sepher Bereschit o Génesis de Moisés para designar la divinidad, y su construcción gramatical es tal que recuerda por su misma estructura los atributos conferidos a Dios por los buenos deseos de los hombres.

A continuación veremos que los poderes atribuídos a esta palabra constituyen, hasta cierto punto, una realidad, atento a que abren con facilidad la puerta simbólica del arca que contiene la revelación de toda la ciencia antigua. Por lo tanto nos es indispensable entrar en algunos detalles a dicho respecto.

Esta palabra está formada por cuatro letras, *iod, he, vau, he.*
Esta última se halla repetida dos veces.

A cada letra del alfabeto hebraico se le asigna un número. Veamos los que corresponden a las letras que nos ocupan

י La iod $= 10$
ה La hé $= 5$
ו La vau $= 6$

El valor numérico total del nombre *iod hé vau hé* será entonces

$$10 + 5 + 6 + 5 = 26$$

Consideremos por separado cada una de estas letras.

LA IOD

La *iod,* configurada por una coma y también por un punto, representa el *principio* de las cosas.

Todas las letras del alfabeto Hebreo no son otra cosa que una serie de combinaciones resultantes del arreglo o permutación de la letra *iod.* El estudio sintético de la naturaleza, había hecho pensar a los antiguos que los fenómenos naturales eran dirigidos por la actuación de una *sola ley.* Esta ley, base de la analogía, colocaba la unidad-principio en el origen de las cosas y consideraba a las mismas como el reflejo, en grados diversos, de aquella unidad-principio. Por lo tanto, la *iod,* formando por sí sola todas las letras y, en consecuencia, todas las palabras y frases, era justamente la imagen y representación de esta unidad-principio, cuyo conocimiento estaba vedado a los profanos.

En consecuencia, la ley que presidió a la creación del idioma de los Hebreos es la misma que presidió a la creación del universo, y conocer la una es conocer implícitamente la otra. He aquí lo que tiende a demostrar uno de los más antiguos libros de cábala, el *Sepher Jesirah.*

Antes de continuar, aclaremos mediante un ejemplo la definición que hicimos de la iod. La primera letra del alfabeto hebreo, aleph, (א), está formada por cuatro iod opuestas dos a dos. Lo mismo ocurre con todas las demás letras.

El valor numérico de la iod conduce a otras consideraciones. LA UNIDAD-PRINCIPIO, según la doctrina de los cabalistas, es también LA UNIDAD-FIN de los seres y de las cosas, y la eternidad no es, desde este punto de vista, más que un eterno presente. Por esto los antiguos simbolistas (symbolistes) han expresado esta idea mediante un punto en el centro de un círculo; representando la Unidad-Principio por la circunferencia, línea sin comienzo ni fin.

Según esto, la unidad expresa la *suma* de todos los seres creados, los cuales representan sus *partes constitutivas*; lo mismo que la Unidad-hombre está formada por la suma de los miles de millones de células que constituyen su ser.

En el origen de todas las cosas, la cábala sitúa la afirmación absoluta del ser por sí mismo, del Ser-Unidad, cuya representación simbólica es la iod, y el número 10 como expresión numérica. Este número (10) representando la unión del *Principio-Todo* (1) a la *Nada-Ninguno* (0) se adapta perfectamente a las condiciones exigidas.

LA HE

Mas el YO no puede concebirse sino como opuesto al NO YO. Apenas nos afirmamos como tal YO, nos vemos en la obligación de aceptar idéntica afirmación de parte del YO-ABSOLUTO, de lo cual inferimos la noción de su existencia.

Este es el origen de la "dualidad", de la oposición, del Binario —imagen de la feminidad—, así como la unidad es la imagen de la masculinidad.

Diez, dividiéndose para oponerse a sí mismo, da cinco (5), número exacto de la letra "Hé" —segunda del gran nombre sagrado.

La "Hé" representará así el "Pasivo" referido a la "iod", que simbolizará el "activo"; el "no yo" referido al "yo"; la "mujer" en relación al "hombre"; la "substancia" en relación a la "esencia"; la "vida" con referencia al "alma", etc., etc.

LA VAU

Mas la oposición del YO al NO YO produce un nuevo factor, la relación entre el YO y el NO YO.

Luego, la "vau", sexta letra del alfabeto hebreo, generada por 10 (iod) $+ 5$ (hé) $= 15 = 1 + 5 = 6$, representa un "corchete" y también una "relación"; es el corchete que reúne los opuestos en la naturaleza, constituyendo el tercer término de esta trinidad:

YO————NO YO

Relación del YO con el NO YO.

LA SEGUNDA HE

Más allá de la trinidad, considerada como ley, nada puede existir.

La trinidad es la fórmula sintética y absoluta que comprende todas las ciencias. Esta fórmula, cuyo valor científico parecía ya olvidado, nos ha sido transmitido íntegramente por todas las religiones (depositarias inconscientes de la CIENCIA-SABIDURIA de las primitivas civilizaciones).

Es debido a esto que el nombre sagrado está constituído tan sólo por tres letras. El cuarto término se halla compuesto por la repetición de la letra "he".

Esta repetición señala el tránsito de la ley Ternaria a una nueva aplicación, podríamos decir: la transición del mundo metafísico al mundo físico, y, en términos generales, de un mundo cualquiera a su inmediato subsecuente.

El conocimiento de esta propiedad, que caracteriza a la segunda "hé", es la clave de aplicación del nombre divino. En lo que sigue presentaremos la prueba de esta afirmación.

RESUMEN SOBRE EL NOMBRE IOD-HE-VAU-HE

Conociendo el valor de cada uno de los términos que comprende el nombre sagrado, hagamos la síntesis y totalicemos los resultados obtenidos.

El nombre "iod-hé-vau-hé" está formado por cuatro letras, significando cada una de ellas:

La "iod": El principio activo por excelencia.

El yo = 10.

La "hé": El principio pasivo por excelencia.

El no yo = 5.

La "vau": El término medio, el corchete que reúne el activo con el pasivo, la relación del YO con el NO YO = 6.

Estos tres términos expresan la ley ternaria del ABSOLUTO.

La "2ª Hé": La que determina el paso de un mundo a otro, expresa la Transición.

Esta segunda "hé" representa al Ser total, encerrando en una unidad absoluta los tres términos que lo constituyen: YO-NO YO-RELACION; el paso del noumeno al fenómeno y, recíprocamente, el paso de una gama a otra gama. Es la semilla que contiene en germen al futuro árbol.

REPRESENTACION DEL NOMBRE SAGRADO

El nombre "iod-hé-vau-hé" puede representarse de muchas maneras, cualquiera de ellas nos demostrará su utilidad.

Por ejemplo, en forma de círculo:

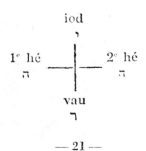

Mas como la segunda "hé", término de transición, resulta la entidad activa de la gama siguiente, es decir: como la 2ª "hé" representa en realidad una "iod" en germen, se puede escribir el nombre sagrado colocando la 2ª "hé" debajo de la primera "yod", del siguiente modo:

     iod   1ª hé   vau
2ª hé

Una tercera manera de escribir el nombre sagrado sería sintetizando en la 2ª "hé" la trinidad "iod-hé-vau-hé."

Abandonemos por ahora estas consideraciones, sobre las cuales volveremos más tarde, y hablemos un poco de la concepción pitagórica de los números.

EL ESOTERISMO DE LOS NUMEROS

Los números y las operaciones teosóficas — Significado de los números.

LOS NUMEROS

El concepto que se tenía de los números en la antigüedad es casi desconocido en nuestros días.

Considerando que la Unidad es el término constante que interviene en la formación de la cantidad, cualquiera que ésta sea, los antiguos veían en el número la expresión de leyes absolutas. De aquí la veneración por el número 3 y el 4, perfectamente incompresible para nuestros matemáticos.

Es evidente que si los antiguos no hubieran conocido otras operaciones numéricas que las usadas en nuestros días carecerían de explicación las ideas enseñadas en las universidades de la India, del Egipto y de Grecia.

¿Cuáles son, pues, estas operaciones, desconocidas por nuestros sabios?

Dos: la reducción y la adición teosófica.

Estas operaciones se dicen teosóficas, porque nos introducen en el mundo de las "leyes esenciales" de la naturaleza.

Estas enseñanzas formaban la base de la instrucción secreta y oral que se trasmitían a determinadas personas predispuestas, y se les daba el nombre característico de "Esoterismo".

1º REDUCCION TEOSOFICA

La reducción teosófica consiste en reducir a un solo dígito las cifras que entran en la composición de un número dado, tal como se verá en los ejemplos siguientes:

$$10 = 1 + 0 = 1$$
$$11 = 1 + 1 = 2$$
$$12 = 1 + 2 = 3$$
$$126 = 1 + 2 + 6 = 9$$
$$2488 = 2 + 4 + 8 + 8 = 22 = 2 + 2 = 4$$

Estas operaciones corresponden a lo que llamamos hoy "la prueba del nueve.

2º ADICION TEOSOFICA

La adición teosófica consiste en sumar aritméticamente la serie natural de los números, comenzando por la unidad, hasta incluir el número propuesto. Por ejemplo, el número 4 será igual a:

$$1 + 2 + 3 + 4 = 10$$

El número 7 igual a $1 + 2 + 3 + 4 + 5 + 6 + 7 = 28$ igual $2 + 8 = 10$.

El 12 igual a $1 + 2 + 3 + 4 + 5 + 6 + 7 + 8 + 9 + 10 + 11 + 12 = 78$.

Reducción y adición teosóficas son las dos operaciones que deben dominarse para comprender la antigüedad.

Apliquemos estos procedimientos a cualquier número, para descubrir la ley que rige su progresión.

La reducción teosófica nos muestra inmediatamente que todos los números se reducen a los nueve primeros dígitos de la serie natural.

Mas esta consideración no es todavía suficiente; una observación más atenta nos traerá nuevas luces.

Tenemos que los números 1, 4, 7 y 10 son iguales a 1 puesto que $1 = 1$

$4 = 1 + 2 + 3 + 4 = 1$
$7 = 1 + 2 + 3 + 4 + 5 + 6 + 7 = 28 = 2 + 8 = 10 = 1$
$10 = 1$

De manera que el dígito 1 se reproduce después de la serie de cada tres, esto es:

1.	2.	3.		4.	5.	6.
$4 = 10 = 1$				$7 = 28 = 10 = 1$		

Se podría escribir, por lo tanto:

1. 2. 3.
(1)
4. 5. 6.
(1) etc.

De la precedente consideración, resulta: 1º, que todos los números reproducen, en su evolución, los cuatro primeros; 2º, que el último número de los cuatro considerados, esto es el Nº 4, representará la unidad en una octava diferente.

La serie de los números puede entonces escribirse así

1.	2.	3.
4.	5.	6.
7.	8.	9.
10.	11.	12.
13.	14.	15.
16.	17.	18.
19. etc.		

Observemos que los números 4, 7, 10, 13, 16, 19, etc., representan diferentes concepciones de la unidad, tal como lo prueba la adición y reducción teosófica de los mismos.

$$1 = 1$$
$$4 = 1 + 2 + 3 + 4 = 10 = 1$$
$$7 = 1 + 2 + 3 + 4 + 5 + 6 + 7 = 28 = 2 + 8 = 10 = 1$$
$$10 = 1$$
$$13 = 4 = 1 + 2 + 3 + 4 = 10 = 1$$
$$16 = 7 = 1 + 2 + 3 + 4 + 5 + 6 + 7 = 28 = 10 = 1$$
$$19 = 10 = 1 \text{ etc., etc.}$$

Se comprueba entonces que después de cada tres cifras la serie vuelve bruscamente a la unidad, mientras que lo hace en forma progresiva entre las dos intermediarias.

Repitamos una vez más que el conocimiento y el estudio de las leyes que rigen las cantidades, en la forma que acabamos de hacerlo, nos da la clave de las ciencias ocultas.

Resumiendo: todas las cantidades pueden ser reducidas a la serie de los cuatro primeros dígitos, dispuestos en el orden siguiente:

1. 2. 3.

4.

Valor de los doce primeros números que da la clave de la cifra (78) correspondiente a las cartas del Tarot:

$$1 = 1$$
$$2 = 1 + 2 = 3$$
$$3 = 1 + 2 + 3 = 6$$
$$4 = 1 + 2 + 3 + 4 = 10$$
$$5 = 1 + 2 + 3 + 4 + 5 = 15$$
$$6 = 1 + 2 + 3 + 4 + 5 + 6 = 21$$
$$7 = 1 + 2 + 3 + 4 + 5 + 6 + 7 = 28$$
$$8 = 1 + 2 + 3 + 4 + 5 + 6 + 7 + 8 = 36$$
$$9 = 1 + 2 + 3 + 4 + 5 + 6 + 7 + 8 + 9 = 45$$
$$10 = 1 + 2 + 3 + 4 + 5 + 6 + 7 + 8 + 9 + 10 = 55$$
$$11 = 1 + 2 + 3 + 4 + 5 + 6 + 7 + 8 + 9 + 10 + 11 = 66$$
$$12 = 1 + 2 + 3 + 4 + 5 + 6 + 7 + 8 + 9 + 10 + 11 + 12 = 78$$

SIGNIFICADO DE LOS NUMEROS

Sin embargo no se detienen aquí las enseñanzas de la ciencia antigua sobre los números, todavía se les atribuía un significado personal; y como hemos reducido a los cuatro primeros la serie de todos los números, nos bastará conocer el atribuído a cada uno de aquellos cuatro. La Unidad representa el principio creador de los números, puesto que todo emana de ella. Es el principio activo por excelencia.

Mas la unidad sola nada puede producir, salvo oponiéndose a sí misma ($\frac{1}{1}$), de aquí nace la dualidad representada por el dos (principio pasivo por excelencia).

De la unión de la Unidad y de la Dualidad nace el tercer principio, que reune los dos opuestos en una común neutralidad:

$$1 + 2 = 3$$

Tres representa, por lo tanto, el principio neutro por excelencia.

Pero estos tres principios se reúnen en el cuarto, el cual vendrá a ser un nuevo aspecto de la unidad, en carácter de "principio activo".

La ley que rige estos principios será entonces la siguiente:

Unidad o vuelta a la unidad	Oposición, Antagonismo	Acción de la oposición sobre la unidad
Activo	Pasivo	Neutro
1	2	3
Activo	Etc.	
4		

1
Activo

Pasivo   │   Pasivo-Activo
2   ────────   4
       │

Neutro
3

CAPITULO CUARTO

EL NOMBRE SAGRADO Y LOS NUMEROS

La serie cabalística y la serie numérica — Definición de la "Tetractis" de Pitágoras — Configuración de la ley general.

LOS NUMEROS Y LOS NOMBRES CABALISTICOS

Hemos dicho que la serie de los números 1, 2, 3 y 4 representa respectivamente el activo, el pasivo, el neutro y un nuevo activo; por lo tanto corresponde perfectamente a la serie de letras que conforman el nombre sagrado, el cual puede escribirse así:

Iod — Hé — Vau

2ª Hé = Iod, etc.

lo cual demuestra analógicamente, que:

1 representa a Iod

2 „ „ Hé

3 „ „ Vau

4 „ „ la 2ª hé

Esta correspondencia queda demostrada por la identidad de acción del 4 que vuelve a la unidad ($4 = 10 = 1$) y de la 2ª hé que representa la Iod de la serie siguiente.

Comparando las dos series obtendremos el esquema siguiente:

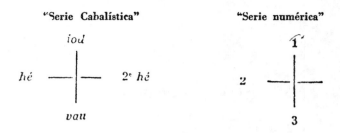

"Serie Cabalística" | "Serie numérica"

iod

hé ———|——— 2ª hé

vau

1

2 ———|———

3

"IDENTIDAD DE AMBAS SERIES"

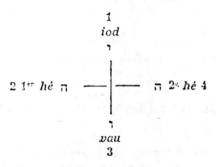

1
iod
 י

2 1ᵉʳ hé ה ———|——— ה 2ª hé 4

ו
vau
3

Estamos ahora en condiciones de comprender porqué Pitágoras, iniciado del Egipto en lo referente al misterio del nombre sagrado "iod-hé-vau-he", reemplaza a éste con la serie de los cuatro primeros números o "tetractis" en sus enseñanzas esotéricas.

Tal serie de números corresponde, punto por punto, a la serie de letras del nombre sagrado: es decir que 1, 2, 3, 4 equivale en su orden a "iod-hé-vau-hé".

La serie de los números y la de las letras guardará entonces las siguientes correspondencias:

Un término positivo y generador: La "iod" o el 1.

Un término negativo y generante: La "hé" o el 2.

Un término neutro o generado, resultado de los dos anteriores: La "vau" o el 3.

Un término de transición que se individualiza en la serie siguiente: La "2ª hé" o el 4.

Con estos datos preliminares, absolutamente indispensables, utilizaremos nuestro juego de cartas o Tarot, para comprobar la ley universal:

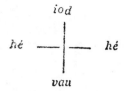

simbolizado antiguamente por la cruz.

CAPITULO QUINTO

LA LLAVE DE LOS ARCANOS MENORES

Constitución del Tarot — Estudio de un color — Las cuatro figuras — Los diez números — Relación de las figuras y de los números — Estudio de los cuatro colores — Descripción de los arcanos menores.

El tarot se compone de 78 láminas divididas del siguiente modo:

56 láminas denominadas arcanos "menores".
22 láminas denominadas arcanos "mayores".

Los 56 arcanos menores están formados por 4 series de 14 láminas cada una.

Los 22 arcanos mayores están formados por 21 láminas numeradas y una sin número.

Para que el estudio del Tarot resulte más conveniente tendremos que dividirlo en grupos o paquetes, del siguiente modo:

4 paquetes de 14 láminas = 56
1 paquete de 21 láminas = 21
1 paquete de 1 lámina = 1
———
Total: 78
———

Ya volveremos sobre esta maravillosa concepción del espíritu humano. Por el momento nos limitaremos a "disecar" la máquina para mostrar su misterioso funcionamiento.

Tarot de Papus

Arcanos menores - Los Bastos

Tarot de Papus

Arcanos menores - Las Copas

Tarot de Papus

Arcanos menores - Las Espadas

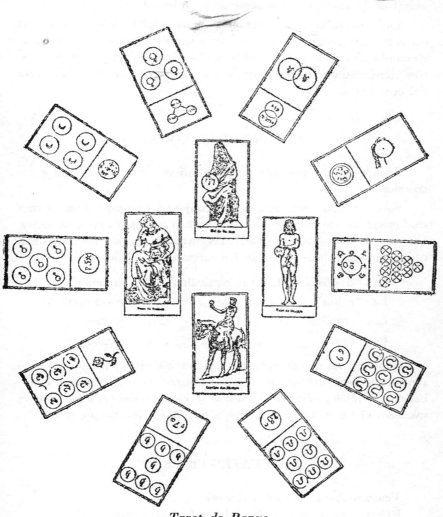

Tarot de Papus

Arcanos menores - Los Oros

Partiendo de un principio fijo e inmutable: la constitución del tetragrama sagrado "iod-hé-vau-hé", es posible desarrollar las más variadas combinaciones sin apartarse jamás de su base. Esta construcción asombrosa, que confirma por sus aplicaciones la ley universal de la analogía, es precisamente lo que vamos a revelar.

Los desarrollos que haremos podrán resultar áridos para ciertas personas; pero si éstas tienen en cuenta que les estamos proporcionando una llave casi infalible de las ciencias antiguas u ocultas, comprenderán que es mediante su uso cómo lograrán abrir la puerta del arca santa.

ESTUDIO DE UN COLOR

Separemos un paquete de 14 láminas para estudiar su construcción:

Este paquete considerado en conjunto, corresponderá a uno cualquiera de los colores que caracterizan nuestras cartas comunes. Las correspondencias o equivalencias entre las láminas que componen cada paquete y los colores de las cartas es la siguiente:

Los "bastos" del Tarot equivalen a los "tréboles"
Las "copas"   „ „   „   „ „ "corazones"
Las "espadas" „ „   „   „ „ "piques"
Los "oros"   „ „   „   „ „ "rombos"

Supongamos que el paquete elegido sea el de los bastos, observaremos que está formado por cuatro figuras: el rey, la dama, el caballero, el valet y además 10 láminas, caracterizadas cada una por un número: el 1 ó as, luego el 2, 3, 4, 5, 6, 7, 8, 9 y finalmente el 10.

LAS CUATRO FIGURAS

Veamos ahora las cuatro figuras.
El rey representa el activo, el hombre, el macho.
La dama el pasivo, la mujer, la hembra.
El caballero el neutro, el adolescente.

Por último el valet representa el 4º término de esta serie, la que podremos escribir así:

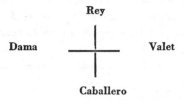

Esta serie no es otra cosa que una aplicación de la ley general "iod-hé-vau-hé", que conocemos bien y cuyas relaciones son fáciles de establecer.

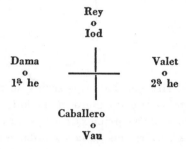

El Valet corresponde entonces a la 2ª hé, es decir que representa un término de transición; mas, ¿transición entre qué?

Entre las cuatro figuras y los diez números siguientes.

LOS DIEZ NUMEROS

Ocupémonos ahora de estos números. Conocemos ya "la ley" de los números o ley de las series, la que hemos enunciado del siguiente modo:

$$1 - 2 - 3$$
$$4 - 5 - 6$$
$$7 - 8 - 9$$
$$10 - \text{etc.}$$

Las 10 láminas están regidas por la misma ley, en consecuencia las podemos ordenar según la serie estudiada.

La primera serie estará formada por el As, que representará el activo, el 2 que representará el pasivo, el 3 que representará el neutro y por último el 4 que representará la transición de una serie a la que le sigue.

1. 2, 3, 4, corresponden entonces a iod-he-vau-he, lo cual puede escribirse así:

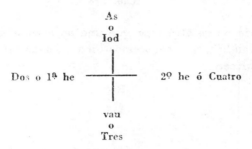

Es lo que ocurrirá con las otras series de números, la 2ª hé de la serie precedente se transformará en la iod de la serie siguiente: así 4, cuarto término de la primera serie, será el primer término de la segunda; 7, cuarto término de la segunda, será el primer término de la tercera, tal como lo dejamos descripto en lo que sigue:

LA SERIE DE LOS NUMEROS

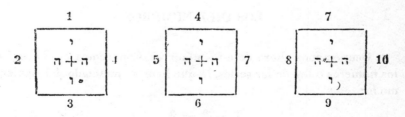

Observemos que se aplica a estas series, la misma ley "iod-hé-vau-hé". Como esta ley rige igualmente para las cuatro figuras, podemos realizar una aproximación basada en la proposición siguiente:

Dos términos (los números y las figuras) iguales a un tercero (le ley "iod-hé-vau-hé") son iguales entre sí.

LA SERIE EN UN COLOR

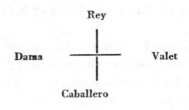

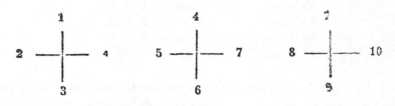

Si ahora agrupamos todos los números de las series de acuerdo a las letras del tetragrama a que se refieren, encontraremos que:

$$1 - 4 - 7 \quad \text{Representarán la iod}$$
$$2 - 5 - 8 \qquad \text{,,} \qquad \text{,, 1}^{\underline{a}} \text{ hé}$$
$$3 - 6 - 9 \qquad \text{,,} \qquad \text{,, vau}$$
$$10 \qquad\qquad \text{,,} \qquad \text{,, 2}^{\underline{a}} \text{ hé}$$

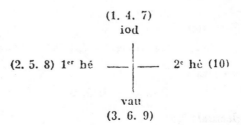

El 10, por lo tanto, es para los números lo que el valet es para las figuras, es decir que sirve de transición. ¿Entre qué?

Entre un color y otro.

RELACIONES ENTRE LAS FIGURAS Y LOS NUMEROS

Hemos considerado las figuras solas, después los números solos. Veamos ahora las relaciones entre las figuras y los números.

Si agrupamos los términos semejantes según la ley única que los rige, hallaremos lo que sigue:

El Rey   es la iod de 1, 4, 7,
La Dama   „ „ hé de 2, 5, 8,
El Caballero „ „ vau de 3, 6, 9,
El Valet   „ „ hé de   10.

La serie de las figuras está reproducida tres veces en la serie de los números, es decir que cada serie de números representa una concepción de las figuras en cada uno de los tres mundos cabalísticos.

La serie 1, 2, 3, 4 representa la emanación de la serie Rey, Dama, Caballero, Valet, en el mundo divino.

La serie 4, 5, 6, 7 representa esa misma evolución en el mundo humano.

La serie 7, 8, 9, 10 representa la evolución en el mundo material.

Cada color es un todo completo formado a la manera de los seres.

Un cuerpo material:

(Caballero — 7, 8, 9)

Una fuerza vital:

(Dama — 4, 5, 6)

Una intelectual:

(Rey — 1, 2, 3)

Organos reproductores:

(Valet — 10)

Cada una de estas partes se subdivide a su vez en otras tres, como lo indican los números.

Volvamos sin embargo a nuestra deducción y totalizando los resultados obtenidos encontraremos:

Representan la iod:

El Rey
El 1 ó el As
El 4
El 7

Representan la hé:

La Dama
El 2
El 5
El 8

Representan la vau:

El Caballo
El 3
El 6
El 9

Representando la 2ª hé:

El Valet
El 10

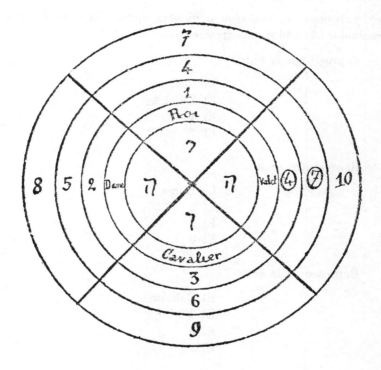

REPRESENTACION DE UN COLOR

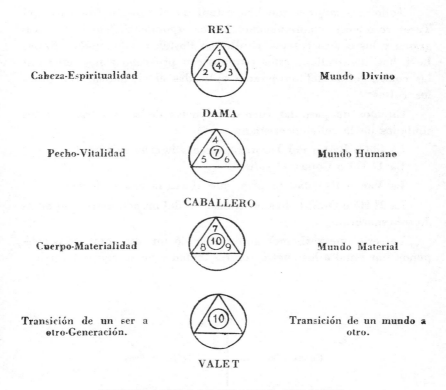

REY

Cabeza-Espiritualidad — Mundo Divino

DAMA

Pecho-Vitalidad — Mundo Humano

CABALLERO

Cuerpo-Materialidad — Mundo Material

Transición de un ser a otro-Generación. — Transición de un mundo a otro.

VALET

ESTUDIO DE LOS CUATRO COLORES

Con estos antecedentes continuemos nuestro estudio y apliquemos los mismos principios a las otras láminas.

Las leyes que acabamos de determinar para la constitución de un color se aplican del mismo modo a los otros tres.

Si consideramos ahora los cuatro colores del Tarot, resultarán nuevas deducciones. Recordemos que esos cuatro colores son: los Bastos, las Copas, las Espadas y los Oros.

El Basto representa el macho o el activo.

La Copa es la imagen del pasivo o de la feminidad.

La Espada representa la unión de ambos en su forma crucial.

Por último, el Oro representa la segunda hé.

Todos los autores que han estudiado el aspecto filosófico del Tarot reconocen unánimemente la correspondencia entre el tetragrama y los cuatro colores. Guillermo Postel, y sobre todo Eliphas Levi, han desarrollado estos estudios con provecho y nos muestran las cuatro letras del tetragrama aplicadas al simbolismo de todos los cultos.

Citemos de paso las correspondencias de estas letras con los símbolos de la religión cristiana.

La Iod o Bastos del Tarot, representa la cruz episcopal.

La 1ª Hé o Copas, el cáliz.

La Vau o Espadas, la cruz, que afecta la misma forma.

La 2ª Hé u Oros, la hostia; transición del mundo natural al mundo sobrenatural.

La serie que acabamos de estudiar en un solo color, se corresponde por igual a los cuatro colores tomados en su conjunto, así:

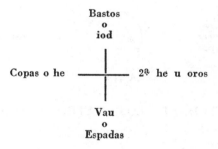

OJEADA DE CONJUNTO SOBRE LOS ARCANOS MENORES

Si repasamos lo dicho hasta aquí nos hallaremos en condiciones de juzgar el camino andado.

Los cuatro colores, considerados globalmente, nos han enseñado la aplicación de la ley "iod-he-vau-he".

Mas en cada color tomado separadamente, hemos constatado que la ley se cumple regularmente.

Las cuatro figuras representan a "iod-he-vau-he".

Como así también las cuatro series de los números.

Reunamos entonces las láminas según sus mutuas relaciones y obtendremos los siguientes resultados:

Los 4 Reyes
Los 4 Ases
Los 4 Cuatros
Los 4 Sietes
$\left.\right\}$ = iod

Las 4 Damas
Los 4 Dos
Los 4 Cincos
Los 4 Ochos
$\left.\right\}$ = he

Los 4 Caballeros
Los 4 Tres
Los 4 Seis
Los 4 Nueves
$\left.\right\}$ = vau

Los 4 Valets
Los 4 Diez
$\left.\right\}$ = he

Si ahora queremos representar este conjunto mediante una figura sintética, escribiremos el nombre sagrado en el centro de un círculo dividido en cuatro partes, cada una de las cuales corresponderá a las letras "iod-he-vau-hé". De cada una de estas partes irradiarán correspondencias del tetragrama a cada una de las láminas. He aquí esta figura:

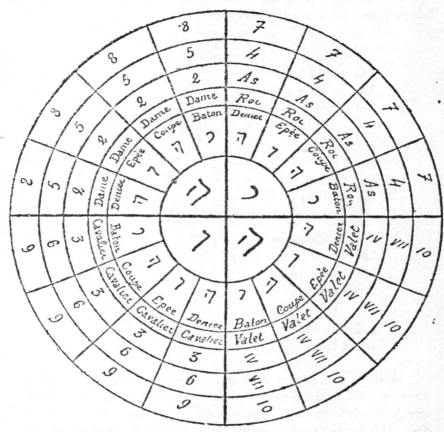

Esquema General de los Arcanos Menores - Disposición en serie

Las figuras son a los colores lo que los números son a las **figuras.**
Los números reproducen en los tres mundos la serie de las figuras; así también las figuras reproducen la serie de los colores: Bastos, Copas. Espadas y Oros.

Los Bastos son la Iod de los 4 Reyes.
Las Copas la He de las 4 Damas.
Las Espadas la Vau de los 4 Caballeros.
Los Oros la He de los 4 Valet.

Así como cada color representa un conjunto formado de cuerpo, alma y espíritu o fuerza vital; así también los 4 colores representan un conjunto formado del siguiente modo:

Cuerpo material de los arcanos menores:

> Los 4 Caballeros
> Los 4 Sietes
> Los 4 Ochos
> Los 4 Nueves

Cuerpo vital de los arcanos menores:

> Las 4 Damas
> Los 4 Cuatros
> Los 4 Cincos
> Los 4 Seis

Cuerpo intelectual:

> Los 4 Reyes
> Los 4 Ases
> Los 4 Dos
> Los 4 Tres

Organos reproductores:

> Los 4 Valets
> Los 4 Diez

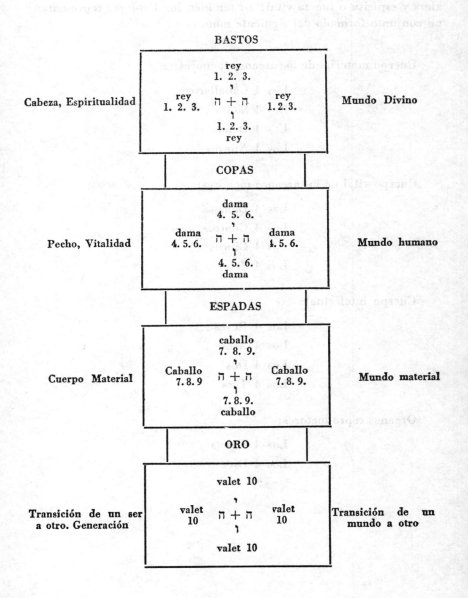

BASTOS

Cabeza, Espiritualidad

rey
1. 2. 3.
ׂ
rey   ה + ה   rey
1. 2. 3.   ׀   1.2.3.
1. 2. 3.
rey

Mundo Divino

COPAS

Pecho, Vitalidad

dama
4. 5. 6.
ׂ
dama   ה + ה   dama
4. 5. 6.   ׀   4.5.6.
4. 5. 6.
dama

Mundo humano

ESPADAS

Cuerpo Material

caballo
7. 8. 9.
ׂ
Caballo   ה + ה   Caballo
7.8.9   ׀   7.8.9.
7. 8. 9.
caballo

Mundo material

ORO

Transición de un ser
a otro. Generación

valet 10
ׂ
valet   ה + ה   valet
10   ׀   10
valet 10

Transición de un
mundo a otro

— 50 —

Mostramos tan sólo estas relaciones, por demás instructivas, pues su análisis completo nos llevaría demasiado lejos.

Damos estas indicaciones con el fin de mostrar los métodos usados por la "analogía", característico de las ciencias ocultas, respecto de los cuales nos hemos extendido bastante en otras obras anteriores.

Si comparamos ahora nuestro último diagrama con el primero (el cual no abarcaba más que un solo color) estaremos en condiciones de mostrar como la ley que ha regido su confección es la misma en ambos casos; lo único que varía son sus mutuas aplicaciones.

Es así como las células del cuerpo humano se agrupan para formar los órganos, los órganos para formar los aparatos y éstos para formar el individuo.

De cuanto precede hemos deducido la siguiente conclusión:

El Oro corresponde a la segunda Hé e indica una transición.

¿Entre qué?

Entre los arcanos menores y los arcanos mayores.

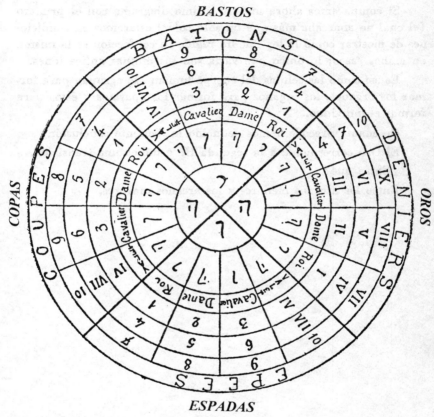

Clave general de los Arcanos Menores

A la memoria del autor de la "REVANCHA DE LAS BESTIAS".

CAPITULO VI

LA CLAVE DE LOS ARCANOS MAYORES

Arcanos mayores — 1º ternario — 2º ternario — 1º septenario —
2º septenario — Los tres septenarios y el ternario de transición.

LOS ARCANOS MAYORES

La diferencia fundamental entre los arcanos menores y los arcanos mayores consiste en que, mientras en éstos se reúnen los números a las figuras, en aquellos se hallan separados.

Los arcanos mayores suman en total 22 láminas, de las cuales una lleva el número cero; por lo tanto, los grandes arcanos o arcanos mayores suman 21 en realidad.

La mayoría de los autores que se han ocupado del Tarot han considerado tan sólo estas 22 láminas, sin tener en cuenta las 56 restantes, que sin embargo nos dan la clave general del sistema.

Mas dejaremos estas disgresiones para abordar de inmediato la aplicación de la ley "iod-he-vau-hé" a esta parte del Tarot.

La más simple reflexión nos sugiere la idea que deben existir en los arcanos mayores las mismas series que hemos hallado en los arcanos menores. Mas ¿cómo determinar la magnitud de estas series?

Cada uno de los arcanos menores llevaba un símbolo, fácil de referir al conjunto (Bastos, Copas, Espadas y Oros); pero el caso aquí es distinto. Cada lámina representa un símbolo diferente. Por lo tanto no será el simbolismo lo que pueda guiarnos, al menos por el momento.

Además del símbolo, cada lámina traduce una idea. La idea resulta ya un guía mejor, por lo menos es más fácil de clasificar que el símbolo; pero esta guía no ofrece todavía las garantías necesarias, pues se prestará a diversas interpretaciones. Por otra parte, la idea es consecuencia de la acción del símbolo sobre el otro término expresado por la lámina: el número.

El número, he aquí por cierto el elemento más positivo, el más fácil de seguir en su evolución. Será entonces el número el que nos guiará; será con su ayuda que descubriremos los otros dos términos.

Recordemos la exposición que hiciéramos sobre los números. Con su ayuda hallaremos fácilmente las series de los arcanos mayores.

Pero antes hagamos una advertencia: Las series que enumeraremos serán las más generales de todas, mas no las únicas.

Esto dicho, consideremos los cuatro primeros arcanos.

Los números 1, 2, 3 y 4 determinan de inmediato la clasificación que deberemos adoptar y la naturaleza de sus términos:

1 corresponde a iod y es por lo tanto "activo".
2 „ „ he y es por lo tanto "pasivo".
3 „ „ vau y es por lo tanto 'neutro.
4 „ „ he e indica la transición.

Este último arcano, el 4, corresponde al Valet y al 10 de los arcanos menores, por lo tanto constituirá la "iod" de la serie siguiente.

Si deseamos esquematizar el primer ternario, 1, 2, 3, podremos hacerlo así:

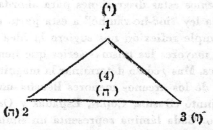

El término activo (1) se halla en el vértice superior del triángulo, los otros dos en los vértices de la base.

Este mismo ternario puede también dibujarse según sus relaciones con "iod-he-vau-he":

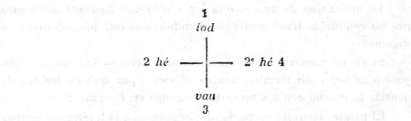

SEGUNDO TERNARIO

Hemos dicho que el "4" se transformaba en la iod o término activo de la serie siguiente.

Esto se realiza según las correspondencias siguientes:

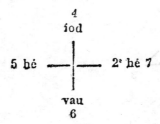

El 4, representado por la iod, obrará en presencia del 5 y el 6, del mismo modo como el 1 obra en presencia del 2 y el 3; en consecuencia obtendremos un nuevo ternario:

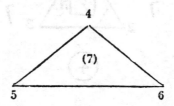

El 7 actúa aquí del mismo modo como actuaba antes el 4; lo mismo ocurrirá con todas las series de los arcanos.

PRIMER SEPTENARIO

La aplicación de una misma ley a términos bastante diferentes nos ha conducido hasta aquí; no abandonemos este procedimiento y digamos:

Si en un ternario existe un término activo = iod, un término pasivo = he, y un término neutro = vau, ¿por qué no habría de ocurrir lo mismo con los ternarios tomados en conjunto?

El primer ternario corresponderá entonces a iod, término activo; el segundo ternario corresponderá a he, término pasivo; y el tercer ternario corresponderá a vau, término neutro, resultado de la acción del primer ternario sobre el segundo.

Representemos todo esto:

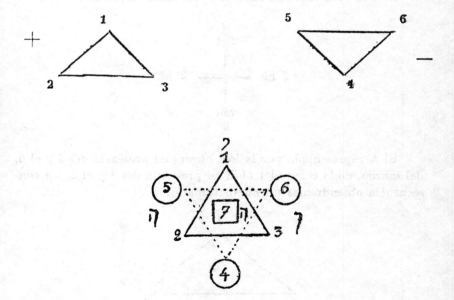

El 7 constituirá entonces el elemento de transición entre un septenario y el que le sigue.

Si ahora fijamos las relaciones de este primer septenario o "iod-he-vau-he", obtendremos:

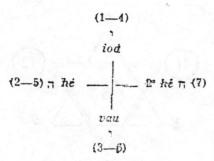

De paso hagamos resaltar una observación importante: el 4 no es otra cosa que el 1 considerado negativamente, del mismo modo que el 5 es el negativo de 2 y el 6 el negativo de 3. Por lo tanto se trata siempre de un *mismo número* considerado en *diversos aspectos*.

Hemos pues determinado un primer septenario formado por la oposición de dos ternarios.

También hemos visto reproducir en este septenario la ley "iod-he-vau-he".

SEGUNDO SEPTENARIO

Lo que es verdadero para el primer ternario debe serlo también para los demás, continuando con el procedimiento propuesto obtendremos un segundo septenario así formado:

Ternario positivo   Ternario negativo

7   10

10   13

8   9   11   12

Los dos ternarios, positivo y negativo, se equilibrarán para dar nacimiento al segundo y a su término de transición 13. Así:

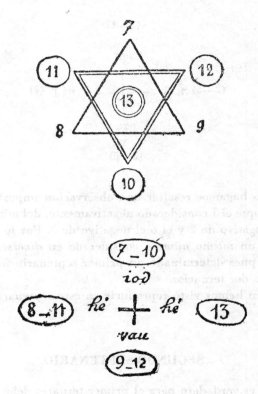

Mas si dos ternarios obran respectivamente como positivo y negativo, no ocurrirá lo mismo con los dos septenarios.

El primer septenario, considerado en conjunto, será entonces positivo con relación al segundo, el cual será negativo respecto del primero.

El primer septenario corresponde a iod y el segundo a hé.

TERCER SEPTENARIO

El tercer septenario está formado del siguiente modo:

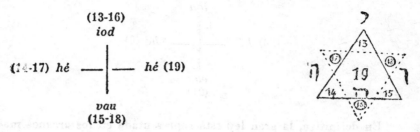

```
        (13-16)
         iod
          |
(14-17) hé ——|—— hé (19)
          |
         vau
        (15-18)
```

Si el primer septenario es positivo y el segundo negativo, el tercero será neutro y corresponderá a vau.

Tendremos en definitiva:

1º Un septenario positivo ╾ iod
2º „   „   negativo ╾ he
3º „   „   neutro ╾ vau

Sin embargo cada septenario nos ofrece un término común con el septenario precedente y común también con el siguiente. Luego el 7 es el séptimo término del primer septenario y el primer término del segundo; el 13 es el último término del segundo septenario y el primer término del tercero, etc.

Resulta de lo dicho que existen tres términos para clasificar: 19, 20, 21.

Estos tres términos forman el último ternario, ternario de transición entre los arcanos mayores y los menores ,ternario correspondiente a la 2ª hé, y que puede ser representado así:

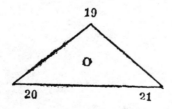

```
            19
           /  \
          /  o  \
         /_____\
        20        21
```

La última lámina, que debería llevar el Nº 22 según la correspondencia hebraica, cierra el Tarot con una maravillosa figura que traduce su íntima constitución, para quien sepa comprenderla. Ya volveremos sobre esto.

$$(19)$$
$$iod$$

(20) *hé* ——|—— *hé* (0)

vau
(21)

En definitiva, la gran ley está representada en los arcanos mayores, del siguiente modo.

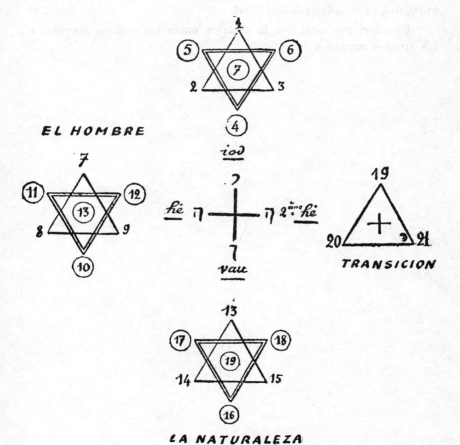

DIOS

EL HOMBRE

TRANSICION

LA NATURALEZA

El primer septenario corresponde al Mundo Divino, es decir Dios.

El segundo al hombre.

El tercero a la Naturaleza.

Y el último ternario indica el tránsito del mundo creador y providencial, al mundo creado y fatal.

Este ternario establece la relación entre los arcanos mayores y los arcanos menores.

A la memoria del autor de "Dios y la Creación", René Caillie.

CAPITULO VII

RELACIONES ENTRE LOS ARCANOS MAYORES Y LOS MENORES

RELACIONES GENERALES

CLAVE DEL TAROT

Predominio del primer septenario — Relaciones del segundo septenario en el Tarot, lámina por lámina — Relaciones Generales — Relaciones de iod, de he, de vau, de la 2ª hé — Gráfico general que da la clave del Tarot — Confección del Tarot móvil o rotatorio (Rota).

De un lado los Oros, del otro el *ternario de transición,* establecen la relación entre los arcanos mayores y los arcanos menores.

Esta relación se resume en la más general de las cuatro letras del tetragrama.

El primer septenario corresponde a iod y gobierna todas las correspondencias de esta Letra en la serie menor, es decir: Los 4 Reyes, los 4 Ases, los 4 Cuatros y los 4 Sietes.

Cada elemento del septenario gobierna términos diferentes; así:

1º SEPTENARIO

Los arcanos 1 y 4 gobiernan: Rey, 1, 4, 7 de Bastos
,,   ,,   2 y 5   ,,   ,, ,, ,, ,, ,, Copas
,,   ,,   3 y 6   ,,   ,, ,, ,, ,, ,, Espadas
El arcano 7 gobierna: ,, ,, ,, ,, ,, Oros

Además: El arcano Nº 1 gobierna especialmente los términos positivos de la serie, es decir:

Arcano 1 (+) | El Rey de Iod o de Bastos (+)
El Rey de Vau o de Espadas (—)

El arcano 4 gobierna particularmente los términos negativos de la serie:

Arcano
4 (—) | El Rey de Hé o de Copas (+)
El Rey de 2ª Hé o de Oros (—)

Aplicando la misma ley a los demás arcanos, hallaremos:

Arcano
2 (+) | As de Iod (+) Bastos.
As de Vau (—) Espadas.

Arcano
5 (—) | As de Hé (+) Copas
As de Hé (—) Oros

Arcano
3 (+) | 4 de Bastos (+)
4 de Espadas (—)

Arcano
6 (—) | 4 de Copas (+)
4 de Oros (—)

Arcano
7 (∞) | Todos los términos transitivos
7 (∞)

SEGUNDO SEPTENARIO

El segundo septenario corresponde a hé y gobierna todas las correspondencias de la primera Hé en la serie menor, es decir:

Las 4 Damas
Los 4 Dos
Los 4 Cincos
Los 4 Ochos.

Cada elemento de este segundo septenario tiene las siguientes denominaciones:

Arcano 7 (+)	Dama de Bastos (+) Dama de Espadas (—)	Arcano 10 (—)	Dama de Oros (—) Dama de Copas (+)
Arcano 8 (+)	Dama de Bastos (+) Dos de Espadas (—)	Arcano 11 (—)	Dos de Copas (+) Dos de Oros (—)
Arcano 9 (+)	Cinco de Bastos (+) Cinco de Epadas (—)	Arcano 12 (—)	Cinco de Copas (+) Cinco de Oros (—)

Arcano 13   Todos los 8
(∞)   (∞)

TERCER SEPTENARIO

El tercer septenario corresponde a Vau y domina:

Los 4 Caballeros

Los 4 Tres

Los 4 Seis

Los 4 Nueves

Cada elemento de este septenario domina así:

Arcano 13 (+)	Caballero de Bastos (+) Caballero de Espadas (—)	Arcano 16 (—)	Caballero de Copas (+) Caballero de Oros (—)
Arcano 14 (+)	Tres de Bastos (+) Tres de Espadas (—)	Arcano 17 (—)	Tres de Copas (+) Tres de Oros (—)
Arcano 15 (+)	Seis de Bastos (+) Seis de Espadas (—)	18 (—)	Seis de Copas (+) Seis de Oros (—)

Arcano 19   Todos los 8
(∞)   (∞)

TERNARIO DE TRANSICION

El ternario de transición domina:

Los 4 Valets

Los 4 Diez

Cada uno de estos elementos domina así:

Arcano 19	Valet de Espadas (—)	Arcano 20	Valet de Copas (+)
(+) (∞)	Valet de Bastos (+)	(—) (∞)	Valet de Oros (—)

Arcano 21	Todos los 10
(+)	(∞)

Valor de los signos +, — y ∞

Los signos que acompañan cada lámina en el enunciado que acabamos de hacer, determinan exactamente el valor de esta lámina. Un ejemplo bastará para darlo a comprender:

Cada término puede ser considerado en dos sentidos principales: positivo o (+) y negativo o (—). Lo mismo ocurre con las subdivisiones de estos términos.

Así los correspondientes a iod en el primer septenario son 1 y 4.

1 es el positivo (+)
4 es el negativo (—)

1 domina a dos arcanos menores: Rey de Bastos y Rey de Espadas.

Rey de Bastos es positivo (+)
Rey de Espadas es negativo (—)

El valor definitivo de estos términos será entonces:

1º Rey de Bastos.

Positivo (+) del positivo (+)

o

Rey de Bastos

+   +

2º Rey de Espadas.

Negativo (—) del Positivo (+)

o

Rey de Espadas

—   +

Lo mismo ocurrirá con los otros términos si combinamos el signo que acompaña al arcano mayor con el que acompaña al término considerado.

Es esta la forma de hallar el valor de cada uno de los 78 arcanos del Tarot.

RELACIONES GENERALES

RELACIONES DE IOD

	Positivos	*Negativos*
Arcanos mayores	Arcano 1 ,, 7 ,, 13	Arcano 4 ,, 10 ,, 16
Arcanos menores	Rey de Bastos As ,, ,, 4 ,, ,, 7 ,, ,, Rey de Espadas As ,, ,, 4 ,, ,, 7 ,, ,,	Rey de Copas As ,, ,, 4 ,, ,, 7 ,, ,, Rey de Oros As ,, ,, 4 ,, ,, 7 ,, ,,

RELACIONES DE LA 1ª HE

Arcanos Mayores Positivos: 2, 8 y 14; Negativos 5, 11 y 17
Arcanos Menores Positivos: Dama, 2, 5, y 8 de Bastos
,,   ,,   ,,   Dama, 2, 5 y 8 de Espadas
,,   ,,   Negativos: Dama, 2, 5 y 8 de Copas
,,   ,,   ,,   Dama, 2, 5 y 8 de Oros

RELACIONES DE VAU

Arcanos Mayores Positivos: 3, 9 y 15; Negativos 6, 12 y 18
Arcanos Menores Positivos: Caballero, 3, 6 y 9 de Bastos
,,   ,,   ,,   Caballero, 3, 6 y 9 de Espadas
,,   ,,   Negativos: Caballero, 3, 6 y 9 de Copas
,,   ,,   ,,   Caballero, 3, 6 y 9 de Oros

RELACIONES DE LA 2ª HE

POSITIVOS

Arcano 19
Valet de Bastos
Valet de Espadas

NEGATIVOS

Arcano 20
Valet de Copas
Valet de Oros

EQUILIBRIO

Arcanos 21 y 22
Diez de Bastos
  „ „ Espadas
  „ „ Copas
  „ „ Oros

CUADRO GENERAL DE LA CONSTRUCCION DEL TAROT QUE RESUME LAS RELACIONES

La ley absoluta "iod-he-vau-hé" está en el centro del cuadro.

Cada una de las letras del tetragrama domina un cuarto de círculo.

Los diferentes colores indican el dominio particular de cada arcano.

CONSTRUCCION DEL TAROT MOVIL O ROTATORIO

Se establece mediante el cuadro anterior las relaciones de todos los arcanos mayores con los menores. Para hallar el sentido de esta relación basta con hacer girar el centro de la figura alrededor del círculo superior.

Así el arcano 1, letra aleph, va enfrentarse sucesivamente con los diversos grupos de arcanos menores, con lo que obtendremos una serie de nombres hebreos, cuya traducción puede hacerse mediante la ayuda de un diccionario.

	Hebreo
Bastos	א י י
י	א ד ה
	א י ד
	א י ה
Copas	א ה ה
ה	א ה ו
	א ה ה
	א ה נ
Espadas	א ד ו
ו	א ו ה
	א ו י
	א ו ה
Oros	א ה ה
ה² ou ה	א ה י
	א ה ה
	א ה ו

Rotación de la primera lámina del Tarot rotatorio. Basta con reemplazar por cada una de las 21 letras restantes, para hallar los nombres hebraicos correspondientes.

En todas las columnas tendremos:

Rey = iod
Dama = he
Caballero = Vau
Valet = 2º hé

Bastos	Rey	Dama	Caballero	Valet
	וי	יה	יו	יה
Copas	Dama	Caballero	Valet	Rey
	הה	הו	הה	הי
Espadas	Caballero	Valet	Rey	Dama
	וו	וה	וי	וה
Oros	Valet	Rey	Dama	Caballero
	הה	ה ר	והה	הו

147	258	369	10
258	369	10	147
369	10	147	258
10	147	258	369
de iod	de hé	de vau	de 2ª hé
Bastos	Copas	Espadas	Oros

SEGUNDA PARTE

EL SIMBOLISMO EN EL TAROT

APLICACION DE LA CLAVE GENERAL AL SIMBOLISMO

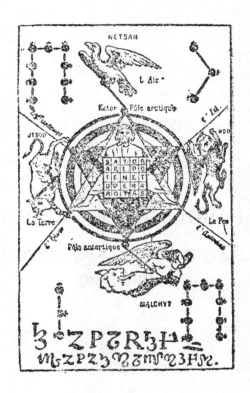

LA CLAVE DEL GRAN ARCANO

Al autor de "La Decadencia Latina", el Cabalista
JOSEPHIN PELADAN.

CAPITULO VIII

INTRODUCCION AL ESTUDIO DEL SIMBOLISMO

*Los símbolos — Los términos primitivos — Clave del simbolismo —
Determinación inmediata del sentido de un símbolo —Ley general del simbolismo.*

El estudio que hemos hecho sobre el Tarot en sus relaciones
numéricas, nos ha facilitado la clave general que debe aplicarse a
todos los desarrollos ulteriores.

Los símbolos deben seguir, en consecuencia, la evolución de los
números, y, en efecto, comprobaremos que es así. No obstante, como
estudiaremos sucesivamente cada una de las láminas del Tarot, podría ocurrir que la atención del lector se fatigara de estos desarrollos;
es por ésto que hemos decidido realizar una breve introducción sobre el simbolismo del Tarot, aprovechando de paso la ocasión para
decir unas palabras sobre la agrupación de estos símbolos. Conocido
este punto podemos pasar al desarrollo, terminando con una breve
síntesis. Esperamos con esto aportar un poco más de luz sobre un
asunto tan arduo.

El análisis del nombre "iod-he-vau-hé" nos ha dado la ley general que precede a la construcción del Tarot. Esta ley se expresa
del siguiente modo:

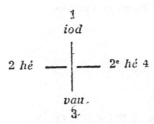

Debemos determinar ahora en nuestros símbolos cuatro términos primitivos, los que expresarán la ley de aplicación a todo el simbolismo. En efecto, volveremos a encontrar estos cuatro términos en las cuatro primeras láminas, y su sentido general será:

1. Creador o Divino
2. Conservador o Astral.
3. Transformador o Físico y Difusor.
4. Generador o Transitivo deviniendo Creador.

Esta ley responde perfectamente a nuestra palabra sagrada:

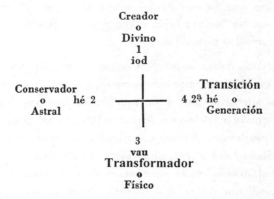

Veremos que esta ley se aplica exactamente a cada una de las láminas, las cuales poseen tres sentidos diferentes.

1. Un sentido superlativo o Divino.
2. Un sentido Comparativo o Mágico-Astral
3. Un sentido positivo o Físico, que responde a una transición.

LAS CUATRO PRIMERAS LAMINAS. GENERALIDADES

CLAVE DEL SIMBOLISMO EN EL TAROT

Los cuatro primeros arcanos mayores forman, simbólica y numéricamente, una serie completa que responde a la palabra sagrada "iod-he-vau-hé".

En efecto, la primera lámina expresa el "activo absoluto" y corresponde a "iod"; la segunda lámina simboliza el "reflejo" de la primera, el "pasivo absoluto" y corresponde a la primera "he"; la tercera indica el término de conversión y de transformación y corresponde a "vau"; por último, la cuarta lámina constituye un término de transición entre la serie precedente y la que le sigue.

La serie simbólica del Tarot estará representada entonces por las cuatro primeras láminas, así como la serie numérica lo está por los cuatro primeros números. Se desprende de ésto una consecuencia muy importante, y es que todos los símbolos del Tarot son meras transformaciones de los tres primeros arcanos mayores —siendo éstos, a su vez, los que nos dan la ley general del simbolismo— ley que nos permite determinar matemáticamente el sentido de las láminas siguientes.

Todavía podemos ir más lejos: Como la segunda lámina es el reflejo de la primera —estando formada por la primera considerada negativamente—, y como la tercera lámina emana de las dos anteriores, bastará conocer el significado de la primera lámina del Tarot para determinar con toda precisión el sentido de las demás.

Veamos ahora algunos detalles imprescindibles:

La ley general de las cuatro primeras láminas es la siguiente:

1. Positivo. Creador.

2. Negativo. Reflejo de la primera. Conservador.

3. Neutro. Reunión de las otras dos. Transformador.

4. Tránsito de una a otra serie.

Podremos representarlas así:

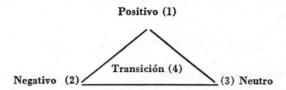

Lo que es verdad para cada uno de los términos de un ternario, lo será también para ese mismo ternario considerado en su conjunto. Esto nos lleva a otras consideraciones.

El primer ternario será positivo y corresponderá a iod, el activo o creador; el segundo ternario será negativo y corresponderá a he, por lo tanto todos sus términos serán el reflejo de los términos del primero, así como la segunda lámina era el reflejo de la primera.

Lo que nos dará:

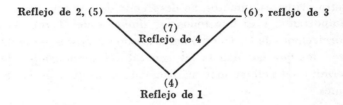

En consecuencia podremos determinar el sentido de los arcanos 4, 5, 6 y 7 en los tres mundos, con sólo conocer el sentido de los arcanos 1, 2, 3 y 4.

Basta estudiar las correspondencias numerales del Tarot para encontrar de inmediato sus relaciones simbólicas con la iod, la he, la vau y la segunda he.

Mas si el segundo ternario es el reflejo del primero se infiere que existirán iguales correspondencias con el septenario, por lo tanto todas las láminas del segundo septenario serán el reflejo simbólico del primero.

Las cartas del tercer septenario representarán la tercera lámina, esto es la transformación. Tendremos entonces las siguientes interpretaciones:

1º Septenario
La creación activa. Lo divino. Osiris-Brahma. El Padre.

2º Septenario
La conservación. El astral. Vichnou. El Hijo.

3º Septenario
La transformación. Lo físico. Horus. Siva. El Espíritu Santo.

Resumiendo: Los tres primeros arcanos dan la interpretación de todos los demás, tal como lo resumimos en la siguiente tabla.

TABLA Indicando el sentido de los 22 arcanos mayores							
iod serie positiva o creadora	1.	4.	7.	10.	13.	16.	19.
1ª hé serie de transición o conservadora	2,	5.	8.	11.	14.	17.	20.
vau serie neutra transformadora equilibrante	3.	6.	9.	12.	1ᶜ.	18.	21.
2ª hé serie negativa	4 = (1) +. | — positiv|negat		+ | —		+ | —		∞'
	IOD serie positiva. o creatriz		HE serie negativa o conservad.		VAU serie neutra o transform. equilibr.		2ª HE serie de transición

Esta tabla es muy importante, puesto que nos permitirá hallar el valor simbólico de una lámina cualquiera del Tarot, operando del siguiente modo:

DETERMINACION A PRIORI DEL VALOR SIMBOLICO DE UNA LAMINA DEL TAROT

Determinaremos:

1º Cuál es la letra hebraica impresa a la izquierda, en la columna horizontal que contiene la lámina considerada;

2º Cuál es la letra hebraica impresa debajo de la columna vertical que contiene a la lámina considerada;

3º Cuál es el signo (más o menos) que gobierna la columna secundaria vertical y contiene la lámina considerada.

EJEMPLO

Sea hallar el sentido del arcano 5.

Miro a la izquierda y encuentro como letra hebráica la he.

Esto me indica que el arcano 5 es la he, ¿de qué?

Para saberlo miro la columna vertical y encuentro iod.

El arcano 5 es la he de iod; más ésto no es todavía suficiente, miro entonces la columna secundaria que contiene el signo (—), negativo.

Obtengo así una fórmula definitiva del arcano 5.

La quinta lámina del Tarot es:

La he de iod, considerada negativamente.

Es ésta una fórmula sintética comprensible únicamente para quien está habituado al manejo del nombre "iod-he-vau-he".

Por lo tanto es necesario desarrollar esta explicación.

He representa el reflejo.

Diremos entonces, para ser más claros:

El arcano 5 es:

El reflejo de iod considerado negativamente. Pero ¿qué es iod considerado negativamente?

Para saberlo busco en la columna de la izquierda la letra iod, luego en la columna vertical secundaria el signo negativo (—) y en la intersección de estas dos líneas encuentro el arcano 4.

La iod considerada negativamente es el arcano 4.

Por lo tanto, diré:

El arcano 5 es el reflejo del arcano 4.

Así se explican todos los arcanos, los unos por los otros, de acuerdo a lo que dijimos más arriba.

Esta tabla es la clave del "Ars Magna" de Raymond Lulle.

ARCANOS MAYORES

"Relaciones del Tetragrama y de cada arcano"

1 iod de iod + (positivo
2 hé de iod +
3 vau de iod +
4 iod de iod —
5 hé de iod —
6 vau de iod —
7 iod de hé +
8 hé de hé +
9 vau de hé +

10 iod de hé —
11 hé de hé —
12 vau de hé —

13 iod de vau +
14 hé de vau +
15 vau de vau +
16 iod de vau —
17 hé de vau —
18 vau de vau —
19 iod de 2ª hé
20 he de 2ª hé
O ó 21 vau de 2ª hé

22 iod hé vau 2ª hé

Correspondencias entre las láminas del Tarot

Para obtener el origen y la derivada de una lámina cualquiera del Tarot, basta con tomar la tercera lámina anterior y la tercera que le sigue.

Así el arcano 8, derivada del arcano 5, da nacimiento al arcano 11.

5	8	11
Vida Universal	Existencia elemental	Vida reflejada y pasajera

*
*   *   *

Se sigue de ésto que cuando la suma de dos láminas da una cantidad par, bastará con tomar la mitad de esta cantidad para hallar la lámina que sirve de enlace a estas dos.

Por ejemplo, sea hallar el enlace que une el arcano 4 al arcano 6 (el flúido animador universal y el amor universal); sumando 4 y 6 obtenemos 10 como resultado, la mitad de esta suma es igual a 5.

El arcano 5 (vida universal) reune entonces los dos opuestos. (El alfabeto hebreo establece rigurosamente esta filiación mediante las letras correspondientes a estos tres números. (Ver el arcano 8).

El pasaje del flúido animador (4) en el amor (6) se opera por intermedio de la vida universal (5).

Cada lámina del Tarot, poseyendo tres sentidos bien determinados, permite filosofar a cualquiera sin necesidad de romperse mucho la cabeza.

De todo esto puede obtenerse una nueva conclusión, y es que cada una de las cartas del Tarot tiene como complementaria aquella que restada de 22 reproduce el número de la primera.

EJEMPLO:

¿Cuál es la carta complementaria del arcano 1?

22 — 1 = 21. Luego el arcano complementario será el 21.

¿Cuál es ahora el término de enlace o de transición entre el arcano 1 y el 21? De acuerdo a lo ya explicado tendremos, 21 + 1 = 22, y ahora 22/2 = 11. En consecuencia: el arcano 11 (vida reflejada y pasajera) establece la transición entre el arcano 1 (principio creador) y el arcano 21 (la generación universal).

Para hallar la carta complementaria bastará, según ya dijimos, con restar de 22 la carta considerada. Veamos otro ejemplo: Hallar la carta complementaria del arcano 14.

$$22 - 14 = 8.$$

El arcano 8 será, en consecuencia, el complemento del 14.

Todos estos datos nos serán muy útiles en lo que sigue. Es por ésto que hemos sido tan insistentes. Podemos ahora volver al estudio de los arcanos mayores. Pero antes repetiremos la figura

que nos ha servido para encontrar la clave general del Tarot, valién-
donos para ello de la ley que rige las cuatro primeras láminas.

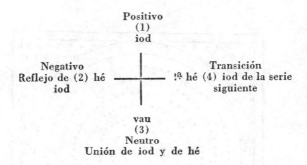

Positivo
(1)
iod

Negativo   Transición
Reflejo de (2) hé ⸺⸺⸺⸺ !ª hé (4) iod de la serie
iod   siguiente

vau
(3)
Neutro
Unión de iod y de hé

Autógrafo de Etteilla. (Biblioteca de Papus.)

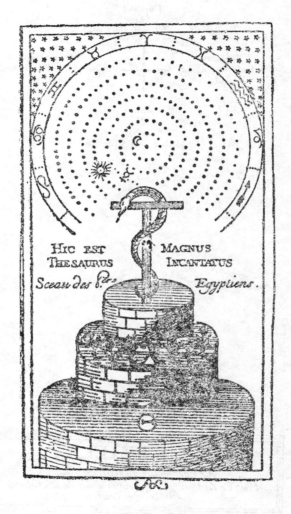

Adaptación Astro Hermética del Tarot por Etteilla

CAPITULO IX

HISTORIA DEL SIMBOLISMO DEL TAROT

INVESTIGACIONES SOBRE SU ORIGEN

El Tarot es un libro Egipcio — Sus transformaciones — Juego de Mantegna — Tarot veneciano — Tarot de Florencia — Tarot de Bologna — Tarot hindú — Relaciones del Tarot con un monumento chino — Tarot chino — Los Tarots actuales — Etteilla — Marsella — Besancon — Wattillaux — Tarots alemanes e italianos — Tarot de Papus — Constitución del simbolismo del Tarot — Los 16 signos hieroglíficos primitivos — Las 22 letras hebráicas, base del Tarot simbólico.

ORIGENES DEL SIMBOLISMO DEL TAROT

Cada lámina del Tarot representa, ya lo hemos dicho, un símbolo, un número y una idea.

En el transcurso de esta exposición nos propusimos evitar, dentro de lo posible, una actitud empírica; con tal motivo hemos estudiado primeramente el elemento más sólido, fijo e invariable en sus combinaciones, el número.

Firmemente apoyados sobre esta base, nos hallamos ahora en condiciones de estudiar con más provecho el aspecto simbólico. Con tal fin supondremos que el lector se ha procurado un Tarot, sobre todo el Tarot de Marsella, que es el más exacto desde el punto de vista simbólico.

Bastará entonces con disponer las láminas sobre una mesa para observar de inmediato que los personajes visten como en la época del "renacimiento". Me diréis entonces: ¿a juzgar por la vestimenta, vuestro juego no parece tan antiguo?

Mas considerad con mayor atención las figuras y descubriréis de inmediato ciertos símbolos egipcios (cruz ansata, Nº 5; ibis, Nº 17) mezclados a los trajes renacentistas.

Esto nos indica que el Tarot de Marsella es efectivamente la representación exacta del Tarot egipcio primitivo. Solamente los Bohemios poseen intacto el juego primitivo.

Los estudios de los eruditos que se han ocupado del Tarot prueban hasta la evidencia nuestra afirmación. Si hojeamos los trabajos de Chatto, de Boiteau y sobre todo de Merlín, veremos que nuestro aserto está también probado por la historia.

Merlín condujo sus investigaciones mediante un rigorismo científico que le permitió hallar el origen de nuestro Tarot de Marsella en un Tarot italiano de Venecia, el cual es el padre de todos los juegos ulteriores. Asimismo encuentra el origen del Tarot veneciano en el juego filosófico de Mantegna. Mas no logra hallar el origen de este último juego. La causa de ésto está en que Merlín toma como origen lo que en realidad es una reproducción hecha por un iniciado. Es también lo que se ha producido con el Ars Magna, de Raymond Lulle, deducido totalmente del Tarot.

Damos a título informativo el juego de Mantegna conocido por los comerciantes con el nombre de "Cartas de Baldini", como así mismo los juegos italianos, de los cuales se han derivado la mayor parte de los nuestros.

La última de las tablas que damos a continuación, en la que se contienen las relaciones del Tarot o juego de Mantegna, debe ser invertida —con lo que representará las cartas de Mantegna derivadas del Tarot— tal como acabamos de indicarlo.

He aquí esta tabla:

JUEGO DE MANTEGNA

E	D	C	B	A
1 El pobre	11 Calíope	21 Gramática	31 Astronomía	41 Luna
2 El valet	12 Urania	22 Lógica	32 Cronología	42 Mercurio
3 El artesano	13 Tepsícore	23 Retórica	33 Cosmología	43 Venus
4 El comerciante	14 Erato	24 Geometría	34 Temperancia	44 Sol
5 El Gentilhombre	15	25 Aritmética	35 Prudencia	45 Marte
6 El caballero	16	26 Música	36 Fuerza	46 Júpiter
7 El dogo	17 Melpómene	27 Poesía	37 Justicia	47 Saturno
8 El rey	18	28 Filosofía	38 Caridad	48 8ª Esfera
9 El emperador	19	29 Astrología	39 Esperanza	49 Primer móvil
10 El papa	20	30 Teología	40 Fe	50 Causa primera

A = Triunfos
B = Bastos
C = Copas
D = Oros
E = Espadas

E = Estado de la vida
D = Museos y Artes
C = Ciencias
B = Virtudes
A = Sistema del mundo

ORIGEN DE LOS OTROS JUEGOS

Minchiate de Florencia 97 cartas	Tarot Veneciano 78 cartas	Tarochino de Bologna 62 cartas
0 El Loco	0 El Loco	0 El Loco
1 El Mago	1 El Mago	1 El Mago
2 El Gran Duque	2 La Papisa	2 La Papisa
3 El Emp. de Occidente	3 La Emperatriz	3 La Emperatriz
4 El Emp. de Oriente	4 El Emperador	4 El Emperador
5 El Amor	5 El Papa	5 El Papa
6 La Temperanza	6 El Enamorado	6 El Amor
7 La Fuerza	7 El Carruaje	7 El Carruaje
8 La Justicia	8 La Justicia	8 La Temperanza
9 La Rueda de la Fortuna	9 El Ermitaño	9 La Justicia
10 El Carro	10 La Rueda Fort	10 La Fuerza
11 El Viejo	11 La Fuerza	11 La Fortuna
12 El Ahorcado	12 El Ahorcado	12 El Anciano
13 La Muerte	13 La Muerte	13 El Ahorcado
14 El Diablo	14 La Temperanza	14 La Muerte
15 El Infierno	15 El Diablo	15 El Diablo
16 La Esperanza	16 La Casa de Dios	16 La Pólvora
17 La Prudencia		
18 La Fe		
19 La Caridad		
20 El Fuego		
21 El Agua		
22 La Tierra		
23 El Aire		
24 La Balanza		
25 La Virgen		
26 El Escorpión		
27 El Carnero		
28 Capricornio		
29 Sagitario		
30 Cáncer		
31 Piscis		
32 Acuarium		
33 Leo		
34 Taurus		
35 Géminis		
36 La Estrella	17 La Estrella	17 La Estrella
37 La Luna	18 La Luna	18 La Luna
38 El Sol	19 El Sol	19 El Sol
39 El Mundo	20 El Juicio	20 El Mundo
40 El Renombrado	21 El Mundo	21 El Angel

CORRESPONDENCIAS ENTRE LOS JUEGOS ITALIANOS

PRIMITIVOS Y EL TAROT ACTUAL

TAROT ACTUAL DE MANTEGNA

El Rey	Rey	Nº 8 de Mantegna	
El Caballo	Caballero	„ 6 „ „	
El Valet	Fainero	„ 2 „ „	
El Emperador	4 del Tarot y el	IX serie E de Mantegna	
El Papa	5 „ „ „ „	X „ E „ „	
La Temperanza	14 „ „ „ „	34 „ B „ „	
La Fuerza	11 „ „ „ „	36 „ B „ „	
La Justicia	8 „ „ „ „	37 „ B „ „	
La Luna	18 „ „ „ „	41 „ A „ „	
El Sol	19 „ „ „ „	44 „ A „ „	
El Loco		Mísero	Nº 1 de Mantegna
La Estrella		17 Venus	„ 42 „ „
El Carruaje		7 Marte	„ 10 „ „
El Ermitaño		9 Saturno	„ 47 „ „
El Mundo	21	Júpiter	„ 46 „ „
		Primera causa	„ 50 „ „

Si a pesar de ésto, la existencia de los símbolos egipcios de este Tarot —pseudo italianos— no conforma al lector, algunas palabras sobre las transformaciones del Tarot en Oriente y en Europa, principalmente en Italia, lo satisfará plenamente.

En efecto, los indúes poseen un juego de ajedrez (Tchaturanga) que se deriva del Tarot, tal como lo demuestra la disposición de sus piezas divididas en cuatro series: Elefantes, Carros, Caballos, Infantes.

Los musulmanes de la India poseen igualmente un juego derivado en línea directa de los viejos símbolos del Tarot: el Gungeifu o Ghendgeifeh. Este juego se compone de ocho series de doce cartas, las que se dividen así:

SECCION SUPERIOR O BISHBUR	SECCION INFERIOR O KUNBUR
Coronas	Arpas
Lunas	Soles
Sables	Diplomas reales
Esclavos	Bultos de mercaderías

RELACIONES DE ESTE JUEGO CON UN MONUMENTO CHINO

Bertin, que tantos servicios rindió a la literatura y a la ciencia con las excelentes memorias que se procuró y que hizo publicar sobre la China, nos comunicó la existencia de un monumento único, el cual le fué remitido desde aquellas latitudes, y que se remonta a las primeras edades de este imperio. Esto es lo que afirman los Chinos diciendo que el susodicho monumento representa a Yao en el acto de desecar las aguas del diluvio.

Las inscripciones del monumento están formadas por grandes compartimentos que afectan la forma de un rectángulo, todos ellos iguales, y del mismo tamaño que las cartas del Tarot. Estos compartimentos están dispuestos en seis columnas perpendiculares; las cinco primeras comprenden 14 compartimentos cada una y la última 7 solamente. En total suman 77 figuras, iguales a las 77 del Tarot; y está formado por combinaciones de 7 cartas, puesto que cada columna contiene 14 signos y aquella que abarca solamente media columna tiene tan sólo siete compartimentos.

A no ser por ésto, podrían haberse arreglado estos 77 compartimentos de manera de llenar casi totalmente la sexta columna: bastaría para ello disponer las columnas en 13 compartimentos, la sexta tendría entonces 12.

Este monumento es por lo tanto muy semejante, en su disposición, al juego del Tarot. Si se los dispusiera sobre un tablero: los cuatro colores estarían representados por las cuatro primeras columnas de catorce cartas cada una, y los triunfos, 21 en total, llenarían la quinta columna y la mitad de la sexta.

Sería muy extraño que un arreglo semejante fuera la mera obra del azar; parece en cambio muy probable que cada uno de estos monumentos fueron construídos según el principio sagrado del número 7; en consecuencia ambos aparecen como el resultado de la aplicación de una idéntica fórmula, posiblemente anterior a la existencia de los Chinos y Egipcios. Quizá podría hallarse algo semejante entre los indúes o entre los pueblos del Tibet, situados entre estas dos naciones.

Tuvimos muchos deseos de hacer grabar este monumento chino; mas el temor de desfigurarlo —al reducir demasiado su tamaño original—, y considerando además la parquedad de nuestros recursos económicos es por lo que hemos desistido.

Nos olvidábamos decir que las figuras chinas están grabadas en blanco sobre fondo negro, lo que las hace particularmente claras.

RELACIONES DEL JUEGO CON LAS CUADRILLAS Y TORNEOS

Durante muchos siglos la nobleza montaba a caballo y, dividida en colores o en facciones, realizaba combates o torneos simulados, en un todo análogos a los que se realizan con los juegos de cartas y particularmente con el Tarot, el cual era un juego militar lo mismo que el ajedrez, al mismo tiempo que podía ser considerado como un juego civil.

En su origen, los caballeros del torneo estaban divididos en cuatro, y aún en cinco bandos, correspondientes a los cuatro colores del Tarot y al total de los triunfos.

Es así como la última diversión de este género que se vió en Francia, fué presentada en 1662 por Luis XIV, entre las Tullerías y el Louvre, en esa gran plaza que ha conservado el nombre de Carrousel. Estaba compuesto por cinco cuadrillas. El Rey estaba a la cabeza de los Romanos; su hermano, jefe de la casa de Orleans, a la cabeza de los Persas; el príncipe de Condé mandaba los Turcos; el Duque de Enghien, su hijo, los Indúes; el Duque de Guisa, los Americanos. Tres reinas se hacían presente bajo un dosel: la reina madre, la reina reinante y la reina de Inglaterra, viuda de Carlos II. El conde de Sault, hijo del duque de Lesdiguiéres ganó el premio y lo recibió de manos de la reina madre.

Las cuadrillas estaban compuestas generalmente por 8 o 12 caballeros para cada color: lo que para cuatro colores y a ocho por cuadrilla, da el número 32, que suma el total necesario en el juego de piquet; y para cinco colores, el número 40 que es el número de cartas indispensables para el juego de las cuadrillas.

(COURT DE GÉBELIN)

TAROT CHINO

Mas si un ojo poco experimentado podría no reconocer al Tarot en este juego; no ocurriría lo mismo con el Tarot Chino, pues la disposición de sus cartas demuestra irrecusablemente su legítimo origen. En el cuadro que sigue se exponen sus correspondencias con el nombre sagrado:

ARCANOS MAYORES			ARCANOS MENORES		
iod	hé	vau	hé		
1	15	29	43	57	71
2	16	30	44	58	72
3	17	31	45	59	73
4	18	32	46	60	74
5	19	33	47	61	75
6	20	34	48	62	76
7	21	35	49	63	77
8	22	36	50	64	
9	23	37	51	65	
10	24	38	52	66	
11	25	39	53	67	
12	26	40	54	68	
13	27	41	55	69	
14	28	42	56	70	

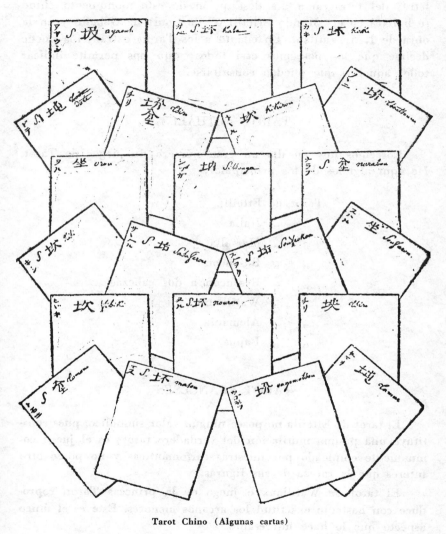

Tarot Chino (Algunas cartas)

Hemos situado en la parte superior de este cuadro las correspondencias de los arcanos menores y mayores y de las cuatro letras del tetragrama. La descripción de este monumento chino se hallará en el "Mundo Primitivo" de Court de Gébelin y en la obra de J. A. Vaillant. En cuanto a los Tarots extranjeros puede decirse que los poseemos casi todos; esto nos permite indicar todos aquellos que pueden consultarse.

TAROT ACTUALES

Poseemos hoy en día un gran número de juegos de Tarot. He aquí algunos de los principales:

Tarot de Etteilla
    „   „   Italia
    „   „   Marsella
    „   „   Besancon
    „   „   Besancon a dos cabezas
    „   „   Watillaux
    „   „   Alemania
    „   „   Papus

TAROT FRANCESES

El tarot de Etteilla no posee ningún valor simbólico, pues constituye una pésima mutilación del verdadero tarot; es el juego comúnmente empleado por nuestras cartománticas y no posee otro interés que la rareza de sus figuras.

El tarot de Watillaux o juego de la princesa Tarot, reproduce con bastante exactitud los arcanos menores. Este es el único aspecto que lo hace interesante.

El tarot italiano, el de Besancon y el de Marsella son los mejores que poseemos hoy en día, sobre todo el último, que reproduce bastante bien el Tarot simbólico primitivo.

TAROT EXTRANJEROS

Además del italiano, debemos citar el tarot alemán cuyos arcanos llevan símbolos diferentes. En efecto:

Las copas están representadas por los Corazones.
Los oros por Cascabeles.
Las espadas por Hojas.
Los Bastos por Bellotas.

Por otra parte, este tarot es bastante malo.

TAROT DE PAPUS

Era importante poseer un juego de Tarot cuyo simbolismo quedara definitivamente establecido. Semejante trabajo, reclamado por Eliphas Levi —que estableció sus principios— acaba de ser realizado por Goulinat, bajo la dirección de Papus.

Este talentoso artista ha dibujado la serie completa de los 22 arcanos mayores y de los 56 menores. Los diseños reproducen el Tarot de Marsella con las modificaciones simbólicas aconsejadas por Eliphas Levi, cuyos trabajos e investigaciones sobre tan profunda cuestión resultan especialmente hermosos. Tal como lo hemos indicado, es sumamente útil para aquellos que deseen profundizar en el estudio del tarot, procurarse el tarot de Marsella y el de Papus. Es sobre estos que nos basaremos para desarrollar el sentido simbólico de cada lámina. Pero antes de pasar al estudio de dicho simbolismo, debemos averiguar si no existe un medio capaz de revelarnos el simbolismo definitivo del tarot.

¿COMO PODEMOS ASENTAR DEFINITIVAMENTE EL SIMBOLISMO DEL TAROT?

El tarot representa la ciencia antigua o ciencia oculta en todos sus desarrollos posibles, es lo que hemos afirmado repetidas veces.

Por lo tanto si deseamos encontrar una base suficientemente sólida como para referir a ella el simbolismo de los 22 arcanos mayores, deberemos abandonar por un instante nuestro tarot, para dirigirnos a esta antigua ciencia. Solamente ésta nos facilitará los medios para alcanzar nuestro objeto, no precisamente para hallar la explicación de los símbolos, sino más bien para "crearlos" uno a uno, deduciéndolos de los principios fijos y generales.

Realizaremos así un trabajo completamente nuevo en su género, evitando al mismo tiempo, dentro de lo posible, los errores resultantes de querer explicar por sí mismos los símbolos del tarot, en vez de buscarlos en sus fuentes originales.

La búsqueda de estos símbolos particulares nos conduce de inmediato a la discusión del grave problema de su origen. Nuestras solas fuerzas no son suficientes para abordar esta cuestión y, sobre todo, resolverla; nos ayudaremos entonces de la opinión de otros autores más autorizados. Siendo la Unidad el criterio de la verdad, la concordancia de las varias conclusiones sobre un punto fijo será para nosotros un índice precioso.

Claude de Saint Martin, el filósofo desconocido, dice, en su libro de Las Relaciones, que el alfabeto primitivo se componía de 16 signos. Obtuvo estos datos, según lo que podemos juzgar, de la revelación intuitiva unida a las enseñanzas del Iluminismo del cual era miembro activo.

Lacour, en su libro de los Elohim o dios de Moisés, llegó a determinar por vía inductiva la existencia de un alfabeto primitivo igualmente compuesto por 16 signos. Otro autor, persiguiendo otras investigaciones, llega también a descubrir la existencia de estos 16 signos primitivos. El autor es, Barrois, y el libro se refiere a un sistema de Dactilología.

Los trabajos de Court de Gébelin y sobre todo los de Fabre D'Olivet son notables a este respecto. En su "lengua hebráica restituída", este sabio iniciado establece la existencia de ciertos signos hieroglíficos primitivos, de los cuales se habrían derivado las letras hebreas.

Todos estos autores, partiendo de fuentes bastante diferentes, concuerdan en sus conclusiones, lo que demuestra la exactitud de sus investigaciones.

Que estos 16 signos primitivos fueran el origen de los signos alfabéticos hebreos, sanscritos, chinos o griegos, no nos interesa mayormente. Lo importante es la identidad de las fuentes que justifican conclusiones equivalentes.

El alfabeto hebreo, compuesto por 22 letras, nos resulta particularmente satisfactorio, visto la correspondencia entre el número de las letras de que se compone y las láminas de los arcanos mayores del Tarot. Apenas asentada esta conclusión surgen de inmediato otras de igual importancia.

Guillaume Postel nos revela las relaciones del alfabeto hebráico con el Tarot, Van Helmont hijo, Claude de San Martín, Fabre D'Olivet fortalecen nuestra opinión; en fin, Eliphas Levi aporta también el peso de su maravillosa erudición sobre estas cuestiones.

Mas lo que nos sorprenderá todavía más, es que un viejo libro de cábala, el Sefer Jesirah, estudiando la constitución del alfabeto hebráico, llega a dividir las letras de modo a relacionarlas, con toda exactitud, a los datos de la astrología, tal como lo demuestra un viejo manuscrito del Vaticano — sobre el cual, Cristián, ha basado sus trabajos horoscópicos.

De puntos de vista tan diferentes surge una única consecuencia: el valor de la letra hebráica como elemento simbólico. Poseemos en ella un simbolismo verdadero del cual podemos obtener no solamente las consecuencias inmediatas, sino también los orígenes.

Podríamos hacer un Tarot compuesto únicamente por las letras hebreas y sus números respectivos; mas no es éste nuestro objeto; vamos a investigar cómo puede deducirse del simbolismo de los caracteres hebreos el simbolismo del Tarot y realizaremos así nuestro diseño: determinar por vía deductiva el valor de las figuras del Tarot y su razón de ser.

LAS LETRAS HEBREAS BASE DEL TAROT SIMBOLICO

Vamos a estudiar las letras hebreas una a una, determinando sucesivamente:

1º El valor jeroglífico de cada una, de acuerdo a su origen (Fabre D'Olivet, Barrois) ;

2º El valor simbólico derivado de este jeroglífico (Fabre D'Olivet, Eliphas Levi, Christian) ;

3º Su valor astronómico (Christian y Sefer Jesirah)

Conociendo estos datos nos resultará fácil establecer su aplicación a los símbolos del Tarot. Mas antes de abordar este estudio, diremos algunas palabras sobre el alfabeto hebreo en general y de su constitución.

El alfabeto hebreo está compuesto por 22 letras; estas letras guardan un orden correlativo; cada una de ellas corresponde a un número derivado de la posición que ocupa en el alfabeto, a un jeroglífico resultado de su forma y a un símbolo correspondiente a sus relaciones con las demás letras. Cada letra es la derivada de otra llamada iod. La iod las ha formado de la siguiente manera (Ver el Sefer Jesirah).

1º Tres letras madres:

א	(Alef)	A
מ	(Mem)	M
ש	(Shin)	S

2º Siete dobles (dobles porque expresan dos sonidos, uno positivo-fuerte, otro negativo-suave) :

כ	Beth	B
ג	Ghimel	G
ד	Daleth	D
כ	Caph	C
פ	Phé	F
ר	Resch	R
ת	Thau	T

3º Por último 12 simples formadas por las otras letras.

Para mayor claridad daremos el alfabeto hebreo con la indicación de las cualidades y orden de cada letra.

Nº de orden	Nombre	Equivalencias romanas	Valor
1	aleph	A	madre
2	beth	B	doble
3	ghimel	G	doble
4	daleth	D	doble
5	he	H,E	simple
6	vau	V	simple
7	zain	Z	simple
8	heth	Ch	simple
9	teth	T	simple
10	iod	I	simple
11	caph	Kh	doble
12	lamed	L	simple
13	mem	M	madre
14	nun	N	simple
15	samech	S	simple
16	hain	Hw	simple
17	p'he	P,Ph	doble
18	tsade	Ts	simple
19	coph	K,Q	simple
20	resch	R	doble
21	shin	Sh	madre
22	thau	Th	doble

Hemos determinado un principio fijo para el simbolismo de las letras hebreas. No tememos ahora ningún error producido por la mala interpretación de una vestimenta o por una figura inexacta. La letra hebrea nos servirá de referencia para elucidar cualquier punto oscuro de difícil interpretación. Podemos ahora volver sobre nuestro Tarot, al que abandonáramos para hacer esta digresión.

A la memoria del autor del "Mundo Nuevo", el abate ROCA.

CAPITULO X

EL TAROT SIMBOLICO

PRIMER SEPTENARIO — ARCANOS 1 A 7 — TEOGONIA

*Plan de trabajo — Clave del 1º septenario — La primera lámina
del Tarot, origen de todas las demás — Los tres principios
del Absoluto — La Trinidad — Cuadro resumen de la primera lámina — La Papisa y la Beth — La Guimel y La
Emperatriz — La Daleth y el Emperador — La He y el
Papa — La Vau y el Enamorado — Resumen sobre el 1º
septenario — Constitución de Dios.*

ESTUDIO DE CADA UNO DE LOS ARCANOS MAYORES

PLAN DE TRABAJO

Tratemos de aplicar esta ley general del simbolismo a cada uno
de los 22 arcanos mayores del Tarot. Con tal fin pedimos al lector
el máximo de atención. Haremos todo lo posible para que nuestra
exposición sea clara; para esto explicaremos el plan que nos pro-
ponemos seguir en el estudio de cada una de las láminas del Tarot.

1º Comenzaremos por el signo jeroglífico que dió origen a la correspondiente letra hebraica. A este respecto seguiremos las indicaciones de Court de Gébelin.

2º Extraeremos del carácter jeroglífico las ideas que se deduzcan progresivamente y que caracterizan la letra hebrea considerada como signo. Kirscher y Fabre D'Olivet son nuestras autoridades en esta cuestión.

3º Una vez que hayamos determinado las ideas figuradas por la letra hebráica buscaremos la aplicación de estas ideas en la figura simbólica del Tarot. Eliphas Levi, Christian o Barrois, nos ayudarán en nuestra búsqueda.

4º En fin, determinaremos el sentido que deba atribuírse a la lámina del Tarot, de acuerdo a sus relaciones numéricas y simbólicas con las restantes, aplicando la ley general del simbolismo. Esta parte de nuestro trabajo nos es personal.

5º Terminaremos el estudio de cada una de las láminas mediante un cuadro en el que resumiremos cuanto acabamos de indicar.

Advertimos al lector que la simple lectura de este cuadro no le sería de ninguna utilidad para comprender las láminas del Tarot y que el mejor camino consiste en seguir progresivamente el desarrollo de cada lámina teniendo el juego de Tarot a la vista.

No queremos terminar esta introducción sin añadir algunas palabras respecto a la base sobre la cual hemos establecido las relaciones astronómicas de las láminas.

Uno de los más viejos libros de cábala que poseemos: el Sefer Yesirah, dice que las tres letras madres del alfabeto hebreo corresponden a los tres mundos; las siete dobles a los siete planetas y las doce simples a los doce signos del zodíaco

Ahora bien, recorriendo el manuscrito astrológico publicado por Christian, hemos descubierto que los números atribuídos por el autor del manuscrito a los planetas, corresponde exactamente a los números de las letras hebráicas dobles. Los números atri-

TAROT DE COURT DE GEBELIN

buídos a los doce signos del zodíaco corresponden también exactamente a las letras simples.

Hemos pensado que esta concordancia absoluta entre documentos de origen tan diferente merecía ser tomada en seria consideración y, por lo tanto, hemos indicado la correspondencia astrológica de cada lámina.

CLAVE DEL PRIMER SEPTENARIO

DISPOSICION DE LAS FIGURAS PARA SU ESTUDIO

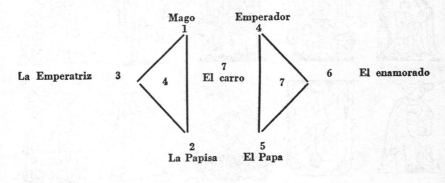

CARACTERISTICAS DE LAS FIGURAS

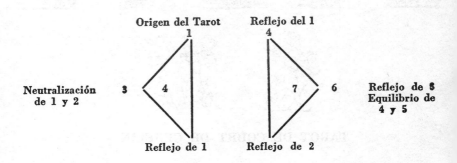

LA PRIMERA LAMINA DEL TAROT

ORIGEN DEL SIGNIFICADO DE LAS RESTANTES

Después de lo que precede observaremos que basta conocer el exacto sentido de la primera lámina del Tarot para deducir la significación de todas las demás. Es por esto que abordamos la cuestión con cierta nerviosidad. La esperanza de alcanzar la verdad está balanceada por la posibilidad de un error, cuyas consecuencias serían funestas.

Los trabajos que nos han conducido hasta aquí nos permiten, no obstante, alcanzar casi matemáticamente el sentido de la primera lámina del Tarot; mas en su sentido general solamente, y nos consta que cada lámina debe tener no solamente uno, sino tres sentidos diferentes. Por lo tanto debemos hallar tres principios suficientemente generales como para poder aplicarlos a todos los órdenes del conocimiento humano; puesto que tal debe ser la finalidad del Tarot.

En este caso, como siempre, recurriremos a los autores eminentes que han tratado esta cuestión desde diversos puntos de vista; la concordancia entre sus enseñanzas nos aportará nuevas luces, capaces de alumbrar nuestra camino.

El polonés Wronski, muerto de hambre en los alrededores de París, es probablemente uno de los cerebros más poderosos que ha producido el siglo 19. Pretendía haber hallado la fórmula del absoluto y sus obras constituyen, incuestionablemente, una de las síntesis más elevada conocidas. No discutiremos las doctrinas de Wronski, queremos simplemente decir unas palabras sobre los tres elementos primitivos que conforman su ley de la creación. Wronski sitúa en el origen de cualquier creación tres elementos que designa con los nombres de:

Elemento Neutro   (E.N.)

Elemento Ser   (E.E.)

Elemento Saber   (E.S.)

El "elemento neutro" representa el Absoluto, la Realidad resultante de la neutralización total de los dos elementos restantes.

El "elemento saber" representa la Facultad Creadora con sus características especiales: la autogénesis y la espontaneidad.

El "elemento ser" representa la Facultad Permanente cuyas características son: la autotesis y la inercia.

Principio de la Creación o Elemento Saber.

Principio de la Conservación o Elemento Ser.

Principio de la Neutralización o Elemento Neutro.

Tal son los tres términos sobre los cuales Wronski establece el fundamento de la realidad y, en consecuencia, de todos los sistemas de creación. Recordemos bien esta conclusión.

Fabre D'Olivet, en sus investigaciones sobre los primeros principios que todo lo dirigen, determina la existencia de tres términos que denomina Providencia, Destino y Voluntad Humana.

La Providencia es el principio de la Libertad Absoluta, de la creación de los seres y de las cosas.

El Destino es el principio de la Necesidad Absoluta, de la creación de las cosas y de los seres.

En fin, la Voluntad Humana es un principio neutro intermediario entre los dos: el principio de la movilidad y del *cambio* en todas sus formas. Ahora bien, no se necesita ser muy lince para descubrir la cóncordancia absoluta que existe entre estos dos autores; uno de ellos, Wronski, obtiene sus conclusiones por inferencia matemática; el otro, Fabre D'Olivet, por el profundo estudio de la antigüedad y de sus misterios. En efecto, solamente las palabras cambian; las ideas en el fondo son las mismas. ¿El (E.S.) de Wronski, principio de la creación, es algo diferente de la Providencia de D'Olivet, que la concibe también como principio de la creación? ¿El (E.E.) de Wronsky, principio de la facultad permanente, es algo diferente de lo que D'Olivet llama el Destino y que concibe como principio de la conservación? En fin, la voluntad humana de D'Olivet responde perfectamente al elemento Neutro de Wronski.

He aquí dos sistemas bien diferentes reunidos por una idéntica significación. Pero nuestras conclusiones no se detienen aquí.

Si consideramos más atentamente estos tres principios primitivos hallaremos en el primero: La Providencia o el elemento Saber, lo que se representa filosóficamente con el nombre de Dios. El Destino o el Ser nos muestra su identidad con la ley fatal que gobierna el Universo. Por último la voluntad humana corresponde al Hombre y no requiere ser largamente estudiada para llegar a esta conslusión.

DIOS, EL HOMBRE Y EL UNIVERSO

Tal es la base de toda la filosofía esotérica de los antiguos y ahora no es solamente Wronski y Fabre D'Olivet que vienen a coincidir por sus conclusiones en este misterioso ternario; es toda la ciencia oculta que nos anuncia su identidad con estos principios mediante las voces de todos sus discípulos. Hermes Trismegisto, La Santa Cábala, los Neoplatónicos y los Alquimistas, pasando por Pitágoras y toda la filosofía griega, nos afirman la división del Gran Todo en *tres entidades o mundos.*

Guillermo Postel nos da la clave del Tarot sin desear explicarla, y la base de esta clave está formada por esta misteriosa entidad:

DIOS, HOMBRE, ROTA

Tritemo y su discípulo Cornelio Agrippa enunciaban igualmente en sus tablas analógicas esta fecunda y sublime trinidad. El jesuista Kircher demuestra que la división en tres mundos formaba la base de los misterios egipcios. Por último Claude de Saint Martin ha llenado un libro sobre las claves del Tarot. Este libro se intitula: "Cuadro natural de las relaciones que unen a DIOS, el HOMBRE y el UNIVERSO".

Interroguemos a la India sobre las leyes del Absoluto, nos contestará:

Trimurti: BRAHMA, SHIVA, WICHNOU

Preguntemos a la China venerable el último secreto de su filosofía y nos ofrecerá los "Tri-grammos de Fo-Hi".

Dirijámonos a los viejos iniciados del Egipto y nos responderán:

OSIRIS, ISIS, HORUS.

El fundador de la cosmografía griega, discípulo de la ciencia del Egipto, Hesiodo, nos transmite todavía esta ley, y todo confirma las palabras de Luis Lucas: "Siento que bajo esta fórmula mística de la Trinidad se oculta una de las leyes científicas más importantes para el hombre".

Dios, el Hombre y el Universo, tales son los principios más generales que podemos alcanzar, tales serán también los que constituirán el triple sentido de la primera lámina del Tarot.

Nos queda todavía por ver si estas interpretaciones responden correctamente al jeroglífico primitivo y coinciden con las restantes láminas del Tarot.

1ª LETRA HEBRAICA (ALEPH)

ORIGEN DEL SIMBOLISMO DE LA PRIMERA LAMINA DEL TAROT

La aleph expresa jeroglíficamente el Hombre, considerado en sí mismo como una unidad colectiva, principio maestro y dominador de la tierra.

De este sentido jeroglífico se han derivado las ideas sobre el Universo y del principio que lo determina, ideas que confieren a la aleph su valor como emblema de la Potencia y de la Estabilidad.

El Hombre o el Microsmo, la Unidad, es el Principio de todos los mundos; tal es el sentido del jeroglífico primitivo que, como vemos, determina exactamente las ideas generales que tuvimos

ocasión de enunciar. Mas un estudio detenido de la primera lámina del Tarot nos aportará nuevas luces.

"Simbolismo de la primera lámina del Tarot".

EL MAGO

Si observamos atentamente la primera lámina del Tarot, no tardaremos en reconocer que la disposición del Mago en la figura, responde perfectamente a la configuración de la letra aleph. Si ahora aplicamos al estudio de esta lámina los principios que determinan el simbolismo, según lo expusimos en nuestro Tratado Elemental de Ciencias Ocultas, recibiremos nuevas enseñanzas.

En la parte superior de la figura puede verse el signo divino de la Vida Universal, situado sobre la cabeza del mago. La parte inferior representa a la Tierra ornamentada con sus productos, símbolo de la Naturaleza. La parte media está ocupada por el Hombre, situado detrás de una mesa sobre la que descansan diversos objetos.

La derecha y la izquierda de la figura está ocupada por las manos del Mago, de las cuales una señala la Tierra y la otra el cielo. La posición de estas dos manos representa los dos principios, activo y pasivo, del Gran Todo y corresponde a las dos columnas (Jakin y Bohas) del templo de Salomón y de la Masonería.

Con una mano el Hombre busca a Dios en el cielo, mientras que hunde la otra en lo inferior para elevar el Demonio hasta sí, con lo que reúne en lo humano lo divino y lo diabólico. Es así como el Tarot nos muestra la universal función mediadora acordada al Adan-Kadmon. Si ahora queremos resumir el sentido simbólico determinado en lo que precede, podremos disponerlo así:

DERECHA	Parte superior	Divino	Cabeza	IZQUIERDA
(Brazo bajado)	Parte media	Humano	Cuerpo	(Brazo levantado)
Necesidad				Libertad
Mal	Parte inferior	Natural	Pie	Bien

Mas el simbolismo de esta primera lámina del Tarot no se detiene aquí. El Mago oprime en la mano levantada la varita mágica; delante de él están colocados los cuatro grandes símbolos del Tarot: la Copa, la Espada, los Oros o Talismanes y el Basto (figurado por la varita que el Mago lleva en la mano). Estos cuatro símbolos corresponden exactamente a las letras del tetragramma:

Bastos o Iod, símbolo del principio activo por excelencia y de Dios.

Copas o Hé, símbolo del Principio Pasivo por excelencia o del Universo.

Espadas, Cruz o Vau, símbolo del Principio Equilibrante por excelencia o del Hombre.

Oros o 2º Hé, símbolo cíclico de la Eternidad que reúne los tres primeros principios en un Todo único.

Desde el punto de vista humano estos símbolos corresponden a las cuatro grandes castas sociales.

Los hombres de Iod, o los Inventores, los Productores, la Nobleza de la Inteligencia.

Los hombres de Hé, o los depositarios de las grandes verdades descubiertas por los hombres de Iod: los Sabios, los Jueces, la Nobleza de toga.

Los hombres de Vau o los guardianes y defensores de los precedentes: los Guerreros, la Nobleza de espada.

Los hombres de la 2ª Hé, la multitud entre la cual se reclutan en todo momento las otras castas: el Pueblo.

Los cuatro grandes símbolos están situados al azar sobre la mesa, el Hombre debe dominarlos y ordenarlos; en el arcano 22 veremos estos símbolos ordenados en cruz.

En efecto, sabemos que la primera lámina del Tarot se completa con la 21 (21 más 1 igual a 22); vemos entonces que si la primera lámina representa el "microcosmo", la última representará el "macrocosmo"; y la undécima lámina que ejerce la función de enlace universal entre todas las complementarias del Tarot, representará la "Corriente Universal Reflejada" que sirve de enlace entre los mundos. Mas no nos anticipemos y volvamos a nuestro primer arcano.

Este símbolo es el primero del Tarot y lleva el nombre característico de: la Unidad.

La Unidad-principio, cuyo origen es impenetrable para el hombre, es el comienzo de toda cosa. No podemos alcanzar el origen de esta causa primera, que nos contentamos con afirmar, de acuerdo a la ley de analogía, según los versos de Eliphas Lévi:

> Creo en lo desconocido que Dios personifica,
> Probado por el ser y por la inmensidad
> Ideal suprahumano de la filosofía,
> Perfecta Inteligencia y Suprema Bondad.

Si no podemos alcanzar este desconocido en su principio, por lo menos nos es permitido seguirlo en sus consecuencias; por lo tanto nuestro estudio se limitará al desarrollo de la Unidad-principio en creación, según lo enseña la Cosmografía de la antigua iniciación.

Dios, el Hombre y el Universo serán, en consecuencia, el triple sentido de nuestra primera lámina. Añadiremos algunas palabras respecto de la aplicación de estos antecedentes a las otras láminas del Tarot.

EXTENSION DE LOS TRES GRANDES PRINCIPIOS AL TAROT

El triple sentido de la primera lámina representa respectivamente:

El Creador o Iod
El Receptor o Hé
El Transformador o Vau.

En fin, la transición a la 2ª Hé, que no consideraremos.

Mas la primera lámina del Tarot, considerada en su conjunto, representa el Creador o iod; la segunda lámina, considerada según el mismo punto de vista, representará entonces el Receptor o Hé, y la tercera el Transformador o Vau. Cada una de ellas mostrará además los cuatro aspectos en "iod, he, vau, he", de la idea que expresa.

Lo que es verdadero para el ternario lo será también para el septenario, y si el primer septenario, tomado en su conjunto, representa el *Creador,* el segundo septenario representará el *Receptor* y el tercero el *Transformador.* En fin, el ternario de transición representará el retorno de los efectos en las causas y en consecuencia en el principio.

Resumamos todo esto diciendo:

1 septenario: Dios
2 septenario: El Hombre
3 septenario: El Universo.

Además cada uno de estos elementos se halla contenido en los dos restantes en todos los puntos de su manifestación.

RESUMEN GENERAL

Nos queda por resumir las diversas acepciones de la primera lámina en un cuadro general. Como cada una de las láminas del Tarot tendrá también su correspondiente resumen, nos parece útil explicar el plan que seguimos en esta exposición.

En la parte superior del cuadro se hallará el número y la letra hebraica correspondiente a la lámina. En la parte inferior el nombre vulgar usado en el Tarot.

En la parte derecha se hallarán las significaciones en los tres mundos: Divino, Humano y Material.

Al final de estas tres significaciones se hallará la clave absoluta de cada lámina, de acuerdo con el cuadro de transformaciones del nombre "iod he vau he". Las letras hebreas situadas sobre la línea superior de esta clave, indica el origen de la lámina considerada; las letras hebreas situadas debajo indican el sentido exacto de la lámina.

1. — ALEPH א

EL MAGO

RELACIONES	SIGNIFICADOS
Geroglífico primitivo: El hombre.	CLAVE DE LA LAMINA
Cábala: Kether	iod-iod
ASTRONOMIA: (sin relaciones)	
ARCHEOMETRO: (ver el Tarot Adivinatorio)	El creador divino o Dios el padre
	DIOS
	el padre
	OSIRIS.
	iod de iod
	iod-iod
	El conservador divino
	EL HOMBRE
	ADAM
	he de iod
	iod-iod
	El transformador divino
	EL UNIVERSO ACTIVO
	LA NATURA NATURANTE
	vau de iod
	iod-iod
	2ª hé de iod
	iod-iod

2ª LETRA HEBRAICA (BETH)

ORIGEN DEL SIMBOLISMO DE LA SEGUNDA LAMINA DEL TAROT

La Beth expresa, jeroglíficamente, la boca del hombre como órgano de la palabra. La palabra es una elaboración interior del ser. Por esto la Beth representa todo lo que es interior, central, tal como una habitación adonde podemos aislarnos sin ser molestados.

De aquí las ideas de Santuario, mansión inviolable del hombre y de Dios. Además, la Beth expresa también toda producción emanada de esta misteriosa morada, toda acción interior y activa; de aquí las ideas de enseñanza, de elevada ciencia, de Ley, de Gnosis, de ciencia Oculta o Cábala.

La Beth corresponde al número 2 y astronómicamente a la luna. Este nombre es el que ha dado nacimiento a todas las significaciones "pasivas" emanadas del Binario, de donde las ideas de reflejo, de Mujer aplicado a la Luna por referencia al Sol y a la mujer por referencia al Hombre.

LA SEGUNDA LAMINA DEL TAROT

LA PAPISA

El mismo Dios, o Dios el Padre, se refleja y produce el nacimiento de Dios el hombre o Dios el hijo, negativo en relación a su creador. El hombre es el receptor divino, por lo tanto esta segunda lámina del Tarot expresará todas las ideas de la primera concebida negativamente.

La primera lámina representaba a un hombre de pie; ésta, en cambio, representa lo contrario: una mujer sentada. (Primera idea de pasividad representada por la mujer y por la posición.)

El hombre estaba revestido con los atributos del Poder y situado en el medio de la Naturaleza. La mujer se halla ornamentada con los atributos de la Autoridad y de la persuasión y se halla colocada bajo el pórtico del templo de Isis, entre dos columnas.

Idea de recinto sagrado, de receptor divino.

Las dos columnas expresan lo Positivo y lo Negativo tal, como los brazos del mago.

La mujer se halla coronada con una tiara, sobre la que descansa el creciente lunar, y envuelta por un velo transparente, cuyos pliegues caen sobre su rostro. Lleva sobre el pecho la cruz solar y sobre sus rodillas un libro abierto que cubre a medias con su manto.

Tal es la imagen de Isis, la Naturaleza, de la cual no hay que levantar el velo ante los profanos. Las enseñanzas de Isis son de orden oculto, tal como lo indica el libro; es ella la que enseña al mago los secretos de la verdadera cábala y de las ciencias ocultas. Este profundo símbolo merece toda nuestra admiración.

La primera lámina expresaba a Osiris en los tres mundos, la segunda nos dará la significación de Isis, compañera de Osiris: "*En Dios*, es el reflejo de Osiris, el reflejo de Dios el Padre: Isis o Dios el Hijo. *En el Hombre* es el reflejo de Adán, del hombre absoluto: Eva, la mujer, la vida. *En el Universo* es el reflejo de la naturaleza naturante: la naturaleza naturada.

LA·PAPESSE

LA PAPISA

LA PAPISA

RELACIONES	SIGNIFICACIONES
Jeroglífico: La boca del hombre.	Reflejo de Dios el Padre u Osiris.
Cábala: Chocmah.	DIOS el hijo
Astronomía: La Luna.	ISIS
Día de la semana: Lunes.	iod de hé
Letra hebraica: Beth (doble).	hé hé
	Reflejo de Adan
	EVA
	la mujer
	hé de hé
	hé hé
	Reflejo de la Naturaleza naturante.
	LA NATURALEZA NATURADA.
	vau de hé
	hé hé

3ª LETRA HEBRAICA (GHIMEL)

ORIGEN DEL SIMBOLISMO DE LA TERCERA LAMINA DEL TAROT

La ghimel expresa, jeroglíficamente, la garganta, la mano del hombre semi cerrada y en actitud de apresar un objeto. De aquí todo lo que rodea, todo hueco, un canal, un cerco. La garganta es el lugar donde se forma, donde se corporifica, me atrevería a decir, la palabra concebida en el cerebro; así la ghimel es el símbolo del envolvimiento material de las formas espirituales, de la generación orgánica en todos sus aspectos, de todas las ideas que se derivan de los órganos corporales o de sus acciones. La generación es el misterio en virtud del cual el espíritu se une a la materia, y mediante el cual lo Divino se transforma en Humano. Con estas explicaciones comprenderemos fácilmente lo que representaba Venus-Urania.

LA TERCERA LAMINA DEL TAROT

LA EMPERATRIZ

El símbolo debe expresar la idea de generación, de corporización en todos los mundos.

UNA MUJER VISTA DE FRENTE

Es en los costados de la mujer que el ser humano se reviste de su cuerpo, se corporifica.

La mujer aparece con alas, o bien en el centro de un sol radiante.

"Idea de la espiritualidad del Principio animador de los seres".

Aprisiona un águila en su mano derecha.

"El águila es el símbolo del alma y de la vida (Espíritu Santo)".

En su mano izquierda ostenta un cetro, signo astrológico de Venus.

"El cetro está sostenido por la mano izquierda para indicar la influencia pasiva que ejerce la naturaleza, Venus-Urano, o la mujer durante la generación de los seres".

Está coronada por una corona de doce puntas o también de doce estrellas.

"Signo de la difusión del Principio animador a través de todos los mundos y del sol al través del Zodíaco".

La tercera lámina del Tarot muestra el resultado de la acción recíproca de los dos primeros términos que se neutralizan en un mismo principio. Es éste el "elemento neutro" de Wronski, base de cualquier sistema de realidad.

La fuerza creadora u Osiris y la fuerza conservadora o Isis se neutralizan en la fuerza equilibrante, que resume en ella las propiedades, tan diferentes, de las dos primeras formas.

En Dios será el equilibrio del Padre y del Hijo, o:

Dios el Espíritu Santo

HORUS

La fuerza animatriz universal.

En el Hombre será el equilibrio de Adán-Eva o la Humanidad.

Adán-Eva
La Humanidad.

En el Universo será el equilibrio de la Naturaleza naturante y de la Naturaleza naturada:

El Mundo (concebido como un ser)

El principio creador y el principio receptor, habiendo producido por su acción recíproca el principio transformador, crea una entidad completamente nueva. Esta entidad corresponderá a la "segunda hé" del nombre sagrado, y, en consecuencia, indicará la transición de una serie a otra.

LIMPERATRICE

3

LA EMPERATRIZ

LA EMPERATRIZ

RELACIONES	SIGNIFICACIONES
Jeroglífico primitivo: La mano en la acción de coger.	Dios el Espíritu Santo "Horus"
Cábala: Binah.	**LA FUERZA ANIMATRIZ UNIVERSAL**
Astronomía: Venus.	iod de vau vau-vau
Día: Viernes.	
Letra hebraica: Ghimel (doble).	Adán-Eva
	LA HUMANIDAD
	he de vau vau-vau
	El Mundo
	vau de vau vau-vau
	2º hé de vau vau-vau

4ª LETRA HEBRAICA (DALETH)

ORIGEN DEL SIMBOLISMO DE LA CUARTA LAMINA DEL TAROT

La daleth expresa, jeroglíficamente, el seno. De aquí la idea de un objeto capaz de producir una abundante alimentación, fuente de un crecimiento futuro. El niño es el lazo viviente que reúne en su neutralidad el antagonismo de los sexos, por esto la daleth representa también la abundancia nacida de la división. Es, al igual que el 1, un signo de creación activa; mas esta creación es el resultado de acciones anteriores fácilmente determinables, mientras que el origen de la unidad es inabordable para la humana concepción. La daleth expresa una creación realizada, según las leyes divinas, por un ser creado. La daleth será la imagen del principio animador y activo del universo: Júpiter, reflejo de la primera causa.

LA CUARTA LAMINA DEL TAROT

EL EMPERADOR

El símbolo debe expresar en forma pasiva todo lo que las cartas anteriores expresaron en forma activa.

Un hombre se halla sentado de perfil.

El hombre señala lo activo; su posición, no obstante, indica que este activo está engendrado por un término superior. El arcano 1, el Mago, "activo absoluto", estaba representado de pie y de frente; el arcano 4, "activo relativo", está representado sentado y de perfil.

El hombre tiene en la mano derecha el cetro simbólico de la generación o de Venus.

El cetro se halla en la mano derecha para señalar la influencia activa que ejerce el principio animador en la naturaleza, por oposición al principio formador (arcano 3).

El hombre lleva barba y se cubre con un casco de doce puntas (seis de cada lado). Está sentado sobre una piedra de forma cúbica, sobre la que se halla estampada la figura de un águila.

El casco indica el dominio de la Voluntad divina en el Universo, y su acción universal en la creación de la vida (el águila).

Su posición sobre la piedra cúbica expresa la realización en los tres mundos.

1° Realización del Verbo Divino por la creación;

2° Realización de las ideas del ser contingente debido al cuádruple trabajo del espíritu:

Afirmación - Negación
Discusión
Solución.

3° Realización de los actos concebidos por la Voluntad.

Las piernas del hombre están dispuestas en cruz, el busto forma un triángulo.

Dominación del Espíritu sobre la Materia.

Considerada con mayor detención, la figura reproduce el símbolo de Júpiter (2 +) representado en la cuarta lámina del Tarot.

Esta lámina corresponde a la segunda hé; en consecuencia presenta dos aspectos diferentes: Expresa primeramente un término de transición que reúne la primera serie (fuerza activa, fuerza pasiva, reunión de ambas fuerzas) a la serie siguiente; el paso de uno a otro mundo; a continuación representa este mismo término de transición transformado en el primer término de la serie siguiente. Como la serie siguiente, considerada en conjunto, es negativa con relación a la primera, el cuarto símbolo representa la influencia activa de la primera serie 1, 2, 3, en la segunda serie 4, 5, 6.

El 4 expresa siempre el reflejo de la primera lámina. Se conduce frente a la primera serie como la segunda lámina se conduce frente a la primera. De aquí el sentido:

En lo divino. Reflejo de Dios el Padre:

LA VOLUNTAD

En lo Humano. Reflejo de Adán:

EL PODER.

En lo Natural. Reflejo de la Naturaleza naturante:

EL FLUIDO UNIVERSAL CREADOR
El alma del Universo.

4

EL EMPERADOR

EL EMPERADOR

RELACIONES	SIGNIFICACIONES
Jeroglífico primitivo: El Seno. Cábala: Chesed. Astronomía: Júpiter. Día: Jueves. Letra hebraica: Daleth (doble).	Reflejo de Dios el Padre **LA VOLUNTAD** Reflejo de Adán **EL PODER** Reflejo de la Naturaleza naturante. El flúido universal creador **EL ALMA DEL UNIVERSO**

5 ה

5ª LETRA HEBRAICA (HE)

ORIGEN DEL SIMBOLISMO DE LA QUINTA LAMINA DEL TAROT

La hé expresa, jeroglíficamente, la respiración, el aliento. Es por la respiración que se crea y se mantiene la vida, razón por la cual se atribuye a la hé "todo aquello que anima". Mas la vida especializa al individuo diferenciándolo de sus semejantes; de aquí la idea de "ser" atribuída a esta letra.

Pero la acción de la vida no se detiene aquí; es también el principio que enlaza el cuerpo material al espíritu divino, del mismo modo el hombre enlaza a Dios con la Naturaleza, La vida es para el hombre (aleph) lo que el hombre es para el universo, el principio mediador por excelencia. De aquí todas las ideas de "lazo", de reunión de los opuestos, de religión, atribuídos a la hé.

Esta letra es simple; corresponde astronómicamente al signo ígneo del carnero, cuyo significado explica.

LA QUINTA LAMINA DEL TAROT

EL PAPA

Este símbolo debe expresar las ideas siguientes:

1º Idea de Vida, de animación.

2º Idea de Ser.

3º Idea de reunión.

El iniciador en los misterios de Isis está sentado entre las dos columnas del santuario. Se apoya sobre una cruz de tres travesaños y forma con la mano derecha el signo del Esoterismo.

La cruz de tres travesaños simboliza el triple "Lingham" de la teogonía india, es decir, la penetración de la potencia creadora al través del Mundo Divino, del Mundo Intelectual y del Mundo Físico para producir todas las manifestaciones de la vida universal (primera idea).

Las dos columnas simbolizan, la de la derecha: la Ley, la de la izquierda: la Libertad de obedecer y de desobedecer, esencia del Ser (segunda idea).

El iniciador está cubierto con una tiara. A sus pies están postrados dos hombres coronados, el primero viste de rojo, el segundo de negro.

Aquí volvemos a encontrar en "activo" el símbolo expresado en "pasivo" por la segunda lámina. En efecto, la misma idea de Esoterismo, de Enseñanza secreta reaparece; mas la instrucción es ahora "práctica y oral", no hay ya necesidad de libros (tercera idea).

Como vemos, esta lámina es el complemento de la segunda: ocurre lo mismo con todas aquellas láminas cuya suma es igual a 7. Así:

3 La Emperatriz	se completa por $4 + 3 = 7$	4 El Emperador
2 La Papisa	se completa por $7 = 28 = 10 = 1$ $2 + 5 = 7$	5 El Papa
1 El Mago	se completa por $1 + 6 = 7$	6 El Enamorado

La quinta lámina del Tarot corresponde a la letra hé del nombre sagrado. Es el reflejo directo del arcano 4 y el reflejo indirecto del arcano 2. De aquí las siguientes significaciones:

En lo Divino. Reflejo de la voluntad:

LA INTELIGENCIA

(característico en Dios el hijo).

En lo Humano. Reflejo del Poder:

LA AUTORIDAD

(característico en la Mujer).

En la Religión: la Fe.

En lo Natural. Reflejo del Alma del Mundo o del flúido universal creador.

LA VIDA UNIVERSAL

(característico de la Naturaleza naturada).

La Vida universal es la parte negativa del flúido animador universal. Su acción recíproca dará nacimiento a la "atracción universal" o "Amor universal" representado por el arcano 6.

5

EL PAPA

EL PAPA

RELACIONES	SIGNIFICADOS
Jeroglífico primitivo: El aliento. Cábala: Pechad. Astronomía: El Carnero. Mes: Marzo. Letra hebraica: Hé (simple).	Reflejo de la Voluntad. **LA INTELIGENCIA** hé iod-hé
	Reflejo del Poder **LA AUTORIDAD** **LA RELIGION - LA FE** hé hé de hé
	Reflejo del alma del mundo **LA VIDA UNIVERSAL** hé vau de hé

6 ו

6ª LETRA HEBRAICA (VAU)

ORIGEN DEL SIMBOLISMO DE LA SEXTA LAMINA DEL TAROT

La Vau representa, jeroglíficamente, el ojo, todo lo que tiene relación con la luz y el resplandor. El ojo establece la relación entre el mundo exterior y el sujeto; es por su intermedio que la luz y las formas se revelan a nuestra conciencia. La idea dominante expresada por esta letra será la de "relación" y también la de "reunión de los opuestos". Mucho es lo que ya hemos hablado sobre la Vau, sin embargo, creemos útil y necesario dar "in extenso" el estudio realizado por Fabre D'Olivet sobre esta letra:

"Esta letra es la imagen del misterio más profundo e inconcebible, la imagen del nudo que reúne o del punto que separa la nada del ser. Es el signo de conversión universal, el signo que sirve para pasar de una naturaleza a otra comunicando de un lado con el signo de la luz y del sentido espiritual (Vau con punto), que es su aspecto más elevado, y uniéndose por otra parte, en su aspecto degenerativo, al signo de las tinieblas y del sentido material Aïn (γ), que es su aspecto más bajo".

La Vau es la segunda letra simple, que representa astronómicamente el segundo signo del zodíaco: Taurus.

LA SEXTA LAMINA DEL TAROT

EL ENAMORADO

Este símbolo debe traducir las ideas de reunión y de antagonismo con todas sus consecuencias.

Un joven imberbe (el Mago del arcano 4) descubierto, está de pie, inmóvil en la encrucijada de dos caminos. Sus brazos se hallan cruzados sobre el pecho formando la cruz diagonal.

Nuevo aspecto del arcano 1. Ya no se trata de un iniciado. Este ignora el procedimiento que permite dirigir las corrientes magnéticas de la luz astral; por esto se halla perplejo en la oposición de las ideas antagónicas que es incapaz de gobernar.

Dos mujeres, una a la derecha, otra a la izquierda, apoyan una mano sobre sus hombros, mientras le señalan con la otra los dos caminos que puede recorrer. La mujer de la derecha ciñe un círculo de oro sobre su frente, mientras que la de la izquierda se halla despeinada y coronada con pámpanos.

Los brazos del mago representan el positivo y el negativo; las dos columnas del templo de Isis (la necesidad y la libertad) están personificadas en las dos mujeres (las que representan también el Vicio y la Virtud).

De acuerdo a la senda elegida, el joven podrá transformarse en el Mago iniciado del arcano 1, o en el imprudente fulminado del arcano 16.

Encima de este grupo, el genio de la Justicia, planeando en una aureola fulgurante, tiende su arco y dirige hacia la mujer que personifica el Vicio la flecha del Castigo.

Simbolismo profundo que indica que si el hombre elige la senda de la Virtud, será ayudado por la Providencia para vencer el Mal.

En resumen, todos estos jeroglíficos traducen la lucha entre las pasiones y la conciencia, el antagonismo de las ideas. Pero este antagonismo, cuando se transmuta en Amor, constituye una fuerza poderosa (en virtud de la cual se reúnen los opuestos).

Esta lámina debe ser considerada bajo dos aspectos diferentes. Ambos nos llevarán a la misma conclusión.

Primer aspecto: como 3 del 4, es decir como representando al arcano 4 o reflejo de 1 considerado en sus relaciones de unión.

Segundo aspecto: como equilibrando a 4 y 5 tal como lo enseña el triángulo formado por el segundo ternario.

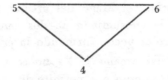

Cada carta equilibra a las otras dos.

El 4 equilibra el 5 y el 6.

El 5 equilibra el 4 y el 6.

El 6 equilibra el 4 y el 5.

De aquí los siguientes significados:

En lo Divino. Equilibrio de la Voluntad y de la Inteligencia:

LA BELLEZA

(característico del Espíritu Santo)

6

EL ENAMORADO

En lo Humano. Equilibrio del Poder y de la Autoridad:

EL AMOR

(característico de la Humanidad)

La Caridad.

En lo Natural. Equilibrio del Alma Universal y de la Vida Universal.

LA ATRACCION UNIVERSAL

El Amor universal.

6 ז

EL ENAMORADO

RELACIONES	SIGNIFICADOS
Jeroglífico primitivo: El Ojo, La Oreja.	Equilibrio de la voluntad y de la inteligencia.
Cábala: Tiphereth.	LA BELLEZA
Astronomía: El Toro.	
Mes: Abril.	Equilibrio del poder y de la autoridad.
Letra hebraica: Vau simple.	EL AMOR
	LA CARIDAD
	Equilibrio del alma universal y de la vida universal.
	LA ATRACCION UNIVERSAL
	o
	EL AMOR UNIVERSAL

CONSTITUCION DE DIOS

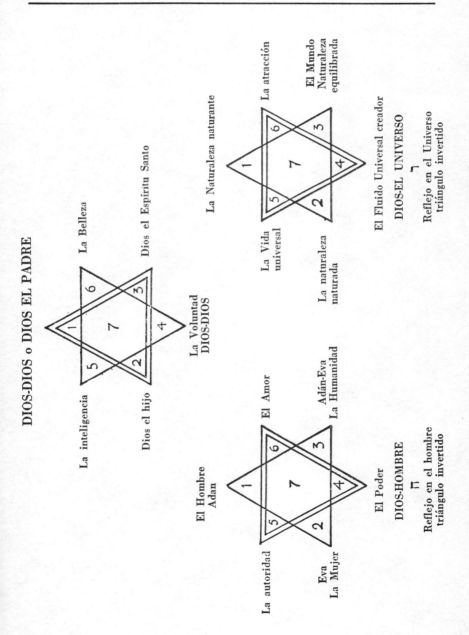

DIOS-DIOS o DIOS EL PADRE

La Belleza

Dios el Espíritu Santo

La inteligencia

Dios el hijo

La Voluntad
DIOS-DIOS

La Naturaleza naturante

La atracción

El Mundo
Naturaleza
equilibrada

El Fluido Universal creador

DIOS-EL UNIVERSO

Reflejo en el Universo
triángulo invertido

La Vida
universal

La naturaleza
naturada

El Amor

Adán-Eva
La Humanidad

El Hombre
Adán

El Poder

DIOS-HOMBRE

Reflejo en el hombre
triángulo invertido

La autoridad

Eva
La Mujer

CAPITULO XI

2º SEPTENARIO — ARCANO 7 AL 13.

ANDROGONIA

Clave del segundo septenario. — La Zaïn y el Carro. — La Heth y la Justicia. — La Teth y el Ermitaño. — La Iod y la Rueda de la Fortuna. — La Caph y la Fuerza. — La Lamed y el Ahorcado. — Resumen del segundo septenario. — Constitución del Hombre.

CLAVE DEL SEGUNDO SEPTENARIO

DISPOSICION DE LAS FIGURAS PARA SU ESTUDIO

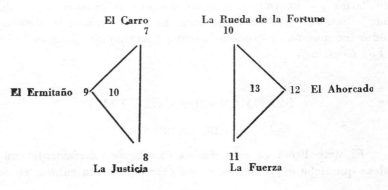

El Carro 7 — La Rueda de la Fortuna 10
El Ermitaño 9 — 10 — 13 — 12 El Ahorcado
8 La Justicia — 11 La Fuerza

CARACTER DE LAS FIGURAS

Influencia del 1º Septenario

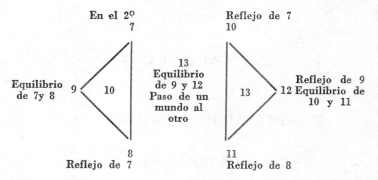

El primer septenario nos ha enseñado el Mundo de los Principios o de la Creación en todos sus aspectos; estudiaremos ahora el Mundo de las Leyes o de la Conservación.

7

7ª LETRA HEBRAICA (ZAÏN)

ORIGEN DEL SIMBOLISMO DE LA SEPTIMA LAMINA DEL TAROT

La Zaïn expresa, jeroglíficamente, una flecha. De aquí las ideas de "arma", o instrumentos utilizados por el hombre para "dominar", "vencer" y realizar sus fines. La Zaïn expresa la victoria en todos los mundos. Astronómicamente corresponde al signo zodiacal "Los Gemelos".

SEPTIMA LAMINA DEL TAROT

EL CARRO

El simbolismo de esta lámina concuerda exactamente con las ideas que debe expresar. Sobre un carro de forma cúbica, cubierto

7

por un dosel de color azul tachonado de estrellas y sostenido por cuatro columnas, avanza un triunfador coronado con un círculo, sobre el cual relumbran tres pentagramas de oro.

Este símbolo reproduce, en un nuevo orden de ideas, el arcano 1 y el 22. Las cuatro columnas corresponden a los cuatro animales del arcano 22 y a los cuatro símbolos del arcano 1; expresan el cuaternario en todas sus acepciones.

El triunfador —que ocupa el centro de los cuatro elementos— es el hombre que ha vencido y que dirige las fuerzas elementales; esta victoria se halla confirmada por la forma cúbica del carro, como asimismo por los Pentagramas que coronan al Iniciado.

El triunfador ostenta sobre su coraza tres escuadras superpuestas. Lleva sobre las espaldas el "urim" y el "thumin" del soberano sacrificador, figurado por los dos crecientes; esgrime el cetro terminado por un globo, un cuadrado y un triángulo. En el frente del carro se halla el lingham indio sobre el cual se divisa la esfera volante de los egipcios. Dos esfinges, una blanca, la otra negra, se hallan enganchados al carro.

Tal es la representación del septenario sagrado en todas sus manifestaciones. El nombre "iod he vau he" está representado en la parte delantera del carro por el globo alado para indicar que el septenario da la clave total del Tarot. Las dos esfinges corresponden a los dos principios: activo y pasivo. El triunfador corresponde sobre todo a la "Espada" y a la "Vau" del nombre sagrado.

La 7ª lámina del Tarot muestra la influencia de la creación en la conservación, de lo Divino en lo Humano. Representa también la "iod" o el Dios del segundo septenario.

El Dios del 2º septenario.

El hombre como función del Dios creador.

EL PADRE

La Ley del 2º septenario.

LA REALIZACION (reflejo del poder).

El hombre del 2º septenario.

La Naturaleza haciendo funciones de Adán.

LA LUZ ASTRAL

7 ↑

EL CARRO

RELACIONES	SIGNIFICADOS
Jeroglífico primitivo: La Flecha.	El hombre como función del Dios creador.
Cábala: Hod.	**EL PADRE**
Astronomía: Géminis.	El Realizador
Mes: Mayo.	
Letra hebraica: Zaïn (simple).	Ley
	LA REALIZACION
	La Naturaleza como función de Adán.
	LA LUZ ASTRAL

Apenas se opera el pasaje de un mundo al otro, vemos surgir la misma ley del primer septenario. El tercer término de esta serie será el reflejo del primero, así como el segundo término de la primera serie reflejaba también aquél. No obstante, como el segundo septenario constituye el término medio de los otros dos, hallaremos en el fondo de todos estos arcanos la idea de mediación o equilibrio. Es precisamente lo que nos mostrará la octava lámina.

8ª LETRA HEBRAICA (HETH)

ORIGEN DEL SIMBOLISMO DE LA OCTAVA LAMINA DEL TAROT

Jeroglíficamente la Heth expresa un campo. De aquí la idea de todo lo que exige trabajo, pena o esfuerzo.

De la continuidad del esfuerzo surge el equilibrio entre la destrucción (resultado de la acción fatal de la naturaleza) y la conservación de las obras del hombre. De estos conceptos dimana la idea de "poder equilibrante" y de Justicia, conferida a esta letra.

La correspondencia astronómica de la letra Heth, es el signo zodiacal: Cáncer.

LA OCTAVA LAMINA DEL TAROT

LA JUSTICIA

El contenido de este símbolo y, en consecuencia, lo que debe de expresar, es la idea de "equilibrio" en todas sus formas.

Una mujer, representada de frente, se halla sentada en un trono, entre las dos columnas del templo. Sobre su frente ciñe una corona de hierro y sobre su pecho se destaca la cruz estelar.

Hallamos aquí de nuevo el simbolismo de los arcanos 2 y 5. El hecho de que la mujer se halla situada entre las dos columnas traduce la primera idea de equilibrio: El equilibrio entre el bien y el mal.

En la mano derecha empuña la espada, cuya punta está dirigida hacia arriba; en la mano izquierda sostiene una balanza.

La ciencia oculta (2), teórica hasta hoy, adquiere un valor práctico al través de la enseñanza oral. Esta ciencia se muestra ahora en todo el rigor de sus consecuencias —terrible para el falso Mago (La Espada), mas justa para el verdadero iniciado (La Balanza)—. Este arcano ocupa —desde el punto de vista de su significado— una posición intermedia entre los arcanos 5 y 11.

LA JUSTICIA

Esta lámina es la complementaria de la undécima (así como la quinta lo era de la décima). En el primer septenario todas las láminas cuya suma era 7 se explicaban recíprocamente, en el segundo septenario, ocurre lo mismo con todas aquellas que suman 19.

7 El Carro	se complementa por $7 + 12 = 19$ $19 = 10 = 1$	12 El Ahorcado
8 La Justicia	se complementa por $8 + 11 = 19$	11 La Fuerza
9 El Ermitaño	se complementa por $9 + 10 = 19$	10 La Rueda de la Fortuna

La octava lámina del Tarot traduce el aspecto "conservador" de la segunda lámina. Sintetiza las ideas de la segunda y de la quinta lámina, además constituye el reflejo de la séptima. Representa:

1º *En lo divino*. Dios el hijo, del segundo septenario.

La mujer como función de Dios el hijo.

LA MADRE

Reflejo del Padre. Conservador de Dios el hijo en la humanidad.

2º Ley pasiva del segundo septenario.

LA JUSTICIA

Reflejo de la Realización y de la Autoridad.

3º *La mujer del segundo septenario*. La Naturaleza en función de Eva.

LA EXISTENCIA ELEMENTAL

Reflejo de la Luz Astral. Conservación de la Naturaleza Naturada en el Mundo.

LA JUSTICIA

RELACIONES	SIGNIFICADOS
Jeroglífico primitivo: Un Campo.	
Cábala: Nizah.	La mujer como función de Dios el hijo.
Astronomía: Cáncer.	**LA MADRE**
	Ley
	LA JUSTICIA
	La Naturaleza como función de Eva.
	LA EXISTENCIA ELEMENTAL

La existencia elemental es el medio en virtud del cual el flúido animador astral o "luz astral" (7) se manifiesta al través del éter o "materia astral" (9). Es lo que nos demostrará el arcano siguiente.

9 ט

9ª LETRA HEBRAICA (TETH)

ORIGEN DEL SIMBOLISMO DE LA NOVENA LAMINA DEL TAROT
Jeroglíficamente la Teht representa un "techado". De aquí las ideas de protección, lugar seguro, etc. Todas las ideas que despierta esta letra derivan de la unión entre la seguridad y la protección, por intermedio de la sabiduría. Astronómicamente corresponde al signo zodiacal: Leo.

NOVENA LAMINA DEL TAROT

EL ERMITAÑO

Las ideas que esta lámina debe sugerir, son:

1º Protección.

2º Sabiduría, circunspección.

Un anciano camina apoyándose sobre un bastón; sostiene con la mano derecha una lámpara cuya luz se halla semioculta entre los pliegues del manto que lo cubre.

Este símbolo ocupa un lugar intermedio entre el sexto y el duodécimo arcano. La protección se halla simbolizada en el manto que cubre al anciano. La sabiduría por la lámpara semioculta. El bastón indica que el Sabio se halla siempre armado para luchar contra la Injusticia y el Error.

Si comparamos esta lámina con la sexta y la duodécima, veremos que el joven imberbe de la sexta lámina se ha decidido por el buen camino. La experiencia adquirida en el diario vivir lo ha convertido en un anciano prudente, y ésta, unida a la sabiduría lo conduce al elevado fin que se ha propuesto (lámina 12). La flecha del genio de la sexta lámina, se ha trasformado en su bastón, y la aureola que envolvía a este genio se halla ahora encerrada en la lámpara que guía al iniciado; tal es el resultado de su esfuerzo continuado.

La novena lámina del Tarot representa a la tercera, concebida en su sentido "conservador" y "receptor". Además equilibra la séptima y la octava lámina.

1º La Humanidad como función de Dios El Espíritu Santo.

La fuerza humana creadora.

EL AMOR HUMANO

Potencia conservadora de la humanidad. Equilibrio entre el Padre y la Madre.

EL ERMITAÑO

2º Equilibrio entre la Realización y la Justicia.

LA PRUDENCIA
(Callarse)

3º La Naturaleza como función de la humanidad. Equilibrio entre la Luz Astral y la Existencia Elemental.

LA FUERZA CONSERVADORA NATURAL
El Flúido Astral

9 ט

EL ERMITAÑO

RELACIONES	SIGNIFICADOS
Geroglífico primitivo: Un techo.	La Humanidad como función de Dios, el Espíritu Santo.
Cábala: IESOD	EL AMOR HUMANO
Astronomía: Leo	
	LA PRUDENCIA
Mes: Julio	Callarse
Letra Hebráica: Teth (simple).	
	La Fuerza Conservadora Natural.
	EL FLUIDO ASTRAL

Por lo tanto, el flúido astral representa la conservación universal de las fuerzas que actúan en la naturaleza. Con esto concluye el primer ternario del septenario de la Conservación. Veremos ahora el reflejo de estos términos en el ternario siguiente.

10ª LETRA HEBRAICA (IOD)

ORIGEN DEL SIMBOLISMO DE LA DECIMA LAMINA DEL TAROT

Jeroglíficamente la iod representa el dedo del hombre, el índex en ademán de ordenar. Por esto es que esta letra se ha transformado en la imagen de la manifestación potencial, de la duración espiritual, en fin de la eternidad de los tiempos y de todas aquellas ideas que con ella se relacionan.

La iod es una letra simple. Corresponde astronómicamente al signo zodiacal Virgo.

DECIMA LAMINA DEL TAROT

LA RUEDA DE LA FORTUNA

Dos ideas principales deben ser expresadas por este símbolo:

1º La idea de Mando, de Supremacía.

2º La idea de Duración, de la eterna acción del Tiempo.

La rueda de la fortuna gira sobre un eje. A la derecha está *Hermanubis,* genio del bien ascendente; a la izquierda *Typhon,* genio del mal descendente; en la parte superior y en el medio, la *Esfinge* en equilibrio, la cual aprisona una espada entre sus garras de león.

La idea primera queda expresada por el ternario: Hermanubis o positivo, Typhon o negativo, la Esfinge o equilibrio dominante.

La segunda idea se halla expresada por la rueda, cuya circunferencia carece de comienzo y de fin: símbolo de la eternidad.

El arcano 10 ocupa un lugar intermedio entre el 7 y el 13:

$$7 + 13 = 20; \quad 20/2 = 10$$

y expresa el equilibrio incesante que atempera la realización creadora del septenario por la destrucción necesaria de la muerte (arc. 13). Los arcanos 7, 10 y 13 corrsponden exactamente a la trinidad indú o TRIMURTI:

Brahma	Creador	Arc. 7
Siva	Destructor	Arc. 13
Vichnou	Conservador	Arc. 10

Es la representación del curso de los acontecimientos según la ley ternaria que dirige las manifestaciones divinas.

La décima lámina del Tarot es el comienzo de la porción negativa del segundo septenario. En consecuencia expresará a éste en sus reflejos.

1º Reflejo de la voluntad (Arc. 4).

LA NECESIDAD

EL KARMA de los hindúes.

2º Reflejo del poder y de la realización.

LA POTENCIA MAGICA

La fortuna

(Voluntad)

3º Reflejo del alma universal.

LA FUERZA EN POTENCIA DE MANIFESTACION

LA ROVE DE FORTVE

10

LA RUEDA DE LA FORTUNA

LA RUEDA DE LA FORTUNA

RELACIONES	SIGNIFICADOS
Jeroglífico primitivo: El Indice. Cábala: Malchut.	LA NECESIDAD El Karma de los hindúes.
Astronomía: Virgo Mes: Agosto. Letra hebráica: Iod (simple).	LA POTENCIA MAGICA La Fortuna
	Reflejo del alma universal LA FUERZA EN POTENCIA DE MANIFESTACION

La fuerza creadora absoluta se ha diferenciado, sucesivamente en el Flúido animador universal (arc. 4); la luz astral (arc. 7) está ahora representada por la fuerza en potencia de manifestación. Veremos manifestarse esta fuerza en el arcano siguiente.

11 כ

11ª LETRA HEBRAICA (CAPH)

ORIGEN DEL SIMBOLISMO DE LA UNDECIMA LAMINA DEL TAROT

Jeroglíficamente la caph representa la mano del hombre, semicerrada y en actitud de aprehender un objeto, tal como la letra ghimel.

LA FORCE

11

LA FUERZA

Mas la caph es algo así como una expresión más enérgica de ghimel, por esto es que se la puede definir también como la acción de "apretar con fuerza". Resulta de esta última idea que la letra caph debe traducir o expresar, siempre, el concepto de fuerza.

El número 11, el que le sigue a la década, modifica el valor de la caph en su sentido de aplicación, pues este número traduce el concepto de "vida refleja y pasajera" (algo así como una muela que recibe y devuelve todas las formas).

Esta carta se deriva de la letra heth (arc. 8) que a su vez deriva de la vida absoluta hé (arc. 5). En consecuencia, desde el punto de vista de la vida elemental (arc. 8) une al significado del caracter heth la del signo orgánico ghimel (arc. 3), del cual no es —por otra parte— más que una especie de refuerzo. Astronómicamente la letra caph corresponde al planeta Marte y al día Martes.

UNDECIMA LAMINA DEL TAROT

LA FUERZA

Este arcano debe expresar dos ideas:

1º La idea de fuerza.

2º La idea de vitalidad.

Una joven cierra sin esfuerzo aparente, la boca de un león. (Primera idea). En la parte superior, sobre su cabeza lleva el signo vital (segunda idea).

El arcano 11 ocupa el término medio entre el 8 y el 14. Volvemos a encontrar en él el simbolismo del arcano 8 aplicado al plano físico. Representa la imagen del poder que concede la ciencia sagrada (arc. 2) aplicado con justicia (arc. 8).

La undécima lámina del Tarot nos muestra todos los aspectos negativos o reflejos de la quinta, es decir:

1º Reflejo de la inteligencia (arc. 5): LA LIBERTAD.

2º Reflejo de la autoridad, de la fe: EL CORAJE (osar).

3º Reflejo de la vida universal. Manifestación de la fuerza: La

VIDA REFLEJADA Y PASAJERA.

11 כ

LA FUERZA

Jeroglífico primitivo: La mano en la acción de apretar.	SIGNIFICADOS
	Reflejo de la inteligencia. **LA LIBERTAD**
Astronomía: Marte	
Día: Martes.	Reflejo de la autoridad, de la fe. **EL CORAJE** (osar)
Letra hebráica: Caph(doble).	
	Reflejo de la vida universal. LA VIDA REFLEJA Y PASAJERA

La fuerza, que hasta entonces se hallaba en potencia de manifestación, se ha manifestado en el arcano 11; se equilibrará más tarde en el arcano siguiente.

12ª LETRA HEBRAICA (LAMED)

ORIGEN DEL SIMBOLISMO DE LA DUODECIMA LAMINA DEL TAROT

Jeroglíficamente, la lamed representa el brazo. Por esto designa cualquier cosa que se eleva, se extiende o se despliega, como el brazo. Es el signo del movimiento expansivo. Este signo se aplica a todas las ideas de extensión, ocupación y posesión. Finalmente es la imagen del poder que resulta de la elevación.

La expansión divina en la humanidad se realiza por los profetas y por la revelación. De aquí surge la idea de "ley revelada".

Mas la ley revelada conlleva la idea de castigo para todo aquel que la viole, o la elevación para aquél que la comprende; por lo tanto le corresponden los conceptos de castigo, de muerte violenta, voluntaria o no.

La lamed, letra simple, corresponde astronómicamente al signo zodiacal Libra.

DUODECIMA LAMINA DEL TAROT

EL AHORCADO

Un hombre se halla suspendido por un pie a una horca, sostenida por dos árboles, cada uno de los cuales ostenta seis ramas cortadas. Las manos del ahorcado se hallan atadas a la espalda; sus brazos forman la base de un triángulo invertido, cuyo vértice lo ocupa la cabeza. Los ojos están abiertos, sus rubios cabellos flotan al viento libre. La pierna derecha forma una cruz con la izquierda.

Encontramos de nuevo aquí al sujeto de los arcanos 1, 6 y 7 cuyas transformaciones conocemos ya. Semejante al sol, situado en el medio de los signos zodiacales (seis de cada lado; las ramas cortadas) nuestro joven audaz se halla todavía suspendido entre dos decisiones, de las cuales nacerá no ya su porvenir material —como en el arcano 6— sino su porvenir espiritual.

EL AHORCADO

El arcano 12 ocupa el término medio entre el 9 (La Sabiduría) y el 15 (La Fatalidad). Estos dos últimos arcanos representan las dos mujeres del arcano 6, desde el punto de vista espiritual.

Este ahorcado sirve de ejemplo a los *audaces*, y señala la *disciplina*, la sumisión absoluta con que el hombre debe respetar lo divino.

Desde el punto de vista alquímico, el ahorcado es el símbolo de la personalidad (la cual se halla representada en el triángulo invertido, sobre cuya base se asienta la cruz).

En el grado hermético de la Rosa Cruz (18° de la Masonería Escocesa) uno de los signos de reconocimiento consiste en cruzar la pierna izquierda sobre la derecha, tal como se lo ve en el Ahorcado hermético. Nos parece inútil destacar la ignorancia absoluta de la masonería respecto de este símbolo.

La 12 lámina del tarot representa la *potencia equilibrante por EXCELENCIA*. Neutraliza los opuestos caracterizados por la décima y la undécima lámina.

1° Equilibrio entre la Necesidad y la Libertad: La CARIDAD. LA GRACIA. (Potencia conservadora del amor).

2° Equilibrio entre el Poder y el Coraje. Reflejo de la Prudencia: LA EXPERIENCIA ADQUIRIDA. (Saber).

3° Equilibrio entre la Manifestación Potencial (arc. 10) y la Vida Refleja (arc. 11). Reflejo del Flúido Astral: LA FUERZA EQUILIBRANTE.

E L   A H O R C A D O

RELACIONES	SIGNIFICADO
Jeroglífico Primitivo: El brazo extendiéndose.	LA CARIDAD La gracia
Astronomía: Libra.	
Mes: Septiembre.	LA EXPERIENCIA ADQUIRIDA (Saber)
Letra hebráica: Lamed (simple)	
	LA FUERZA EQUILIBRANTE

La fuerza que atempera es el último término del segundo septenario. Mediante la acción de esta fuerza "lo astral" *se realizará* para pasar a lo físico, y también para pasar del mundo de la conservación y de la recepción (2º septenario), al mundo de la transformación (3º septenario).

El Padre

La Libertad / La Caridad La Gracia

La Madre / El Amor Humano

La Necesidad
EL HOMBRE –DIOS

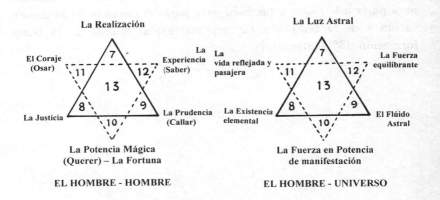

La Realización

El Coraje (Osar) / La Experiencia (Saber)

La Justicia / La Prudencia (Callar)

La Potencia Mágica
(Querer) – La Fortuna

EL HOMBRE - HOMBRE

La Luz Astral

La vida reflejada y pasajera / La Fuerza equilibrante

La Existencia elemental / El Flúido Astral

La Fuerza en Potencia
de manifestación

EL HOMBRE - UNIVERSO

Al autor de la "Historia del Diablo", M. JULES BAISSAC.

CAPITULO XII

3º SEPTENARIO — ARCANOS 13 y 19

COSMOGONIA

Llave del tercer septenario. — La Mem y la Muerte. — La Noun y la Temperanza. — La Samech y el Diablo. — La Gnaïn y la Casa de Dios. — La Tsade y la Luna. — Resumen del tercer septenario. — Constitución del universo.

CLAVE DEL TERCER SEPTENARIO

DISPOSICION DE LAS FIGURAS

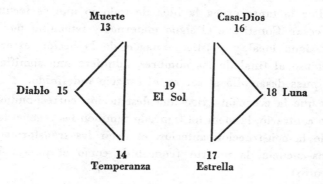

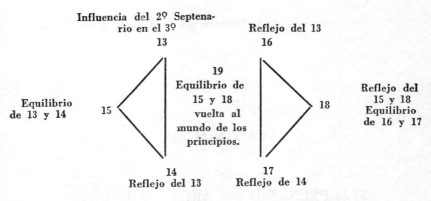

Influencia del 2º Septenario en el 3º
13
Reflejo del 13
16

Equilibrio
de 13 y 14
15
19
Equilibrio de
15 y 18
vuelta al
mundo de los
principios.
18
Reflejo del
15 y 18
Equilibrio
de 16 y 17

14
Reflejo del 13
17
Reflejo de 14

El primer septenario nos ha mostrado el "mundo de los principios" o de la Creación. El segundo nos ha desarrollado el "mundo de las leyes" o de la Conservación. El tercero nos enseñará el "mundo de los hechos", de la Transformación. Veremos ahora como se establece la circulación entre los dos primeros septenarios.

13 מ

13ª LETRA HEBRAICA (LA MEM)

ORIGEN DEL SIMBOLISMO DE LA DECIMATERCERA LAMINA DEL TAROT

Jeroglíficamente la Mem designa a la mujer, compañera del hombre. Por lo tanto evoca la idea de todo lo que es fecundo y capaz de crear. Constituye el signo maternal y femenino por excelencia, el signo local y plástico, imagen de la acción exterior y pasiva. Su uso al final de los nombres, adquiere una significación colectiva, pues desarrolla al ser en el espacio indefinido.

Dado que la creación exige una destrucción correspondiente y de sentido contrario, la mem ha figurado también las regeneraciones nacidas de la construcción anterior, es decir las transformaciones y, en consecuencia, la muerte (concebida como el pasaje de un mundo a otro).

La Mem es una de las tres letras madres.

13

LA MUERTE

DECIMA TERCERA LAMINA DEL TAROT

LA MUERTE O EL ESQUELETO SEGADOR

Las ideas que este arcano debe expresar son las de la destrucción, precediendo o siguiendo a la regeneración. Un esqueleto sesga las cabezas de un campo, del cual surgen por todas partes pies y manos de hombres, a medida que el esqueleto prosigue su obra.

Las obras de la cabeza (concepción) se vuelven inmortales tan pronto han sido realizadas (manos y pies).

El arcano 13 ocupa el justo medio entre el arcano 10 (La Fortuna) y el 16 (la Destrucción).

$$10 + 16 = 26; \quad 26/2 = 13$$

Trece, es pues, el término medio entre la *iod* (principio de la creación) y la *hain* (principio de la destrucción).

El arcano 18 es el complementario del 13, así como el 5 lo es del 12, y el 12 del 7. (Ver arcanos 8 y 5).

13		18
La muerte	se completa con $13 + 18 = 31$ $31 = 4 = 10 = 1$	La Luna
14		17
La Temperanza	se completa con $14 + 17 = 31$	Las Estrellas
15		16
El Diablo	se completa con $15 + 16 = 31$	La Destrucción

La décimatercera lámina del Tarot está ubicada entre el mundo invisible y el visible. Resulta así ser el lazo universal de la naturaleza, el medio en virtud del cual las influencias reaccionan de un mundo sobre el otro. Representa:

1º Dios el transformador: EL PRINCIPIO TRANSFORMADOR UNIVERSAL. Destructor y Creador.

2º El negativo de la realización: LA MUERTE.

3º La luz astral como función del creador: LA FUERZA PLAS-
TICA UNIVERSAL (equilibrio entre la muerte y la fuerza
transformadora).

13 מ

LA MUERTE

RELACIONES	SIGNIFICADOS
Jeroglífico primitivo: La Mujer. Letra hebraica: Mem (una de las tres letras madres).	EL PRINCIPIO TRANSFORMADOR UNIVERSAL. Destructor y creador.
	LA MUERTE
	LA FUERZA PLASTICA UNIVERSAL

14ª LETRA HEBRAICA (NOUN) נ

ORIGEN DEL SIMBOLISMO DE LA DECIMACUARTA LAMINA DEL TAROT

Jeroglíficamente, la noun expresa el producto de la mujer, es
decir un hijo, un fruto; y, en general, cualquier ser creado. Esta
letra se ha transformado en la imagen del ser creado o reflejado, el
signo de la existencia individual y corporal. Al final de un nombre,
constituye el signo aumentativo, confiriéndole la extensión individual que la cosa representada puede alcanzar. Astronómicamente
corresponde al signo zodiacal SCORPIUS.

Resumiendo: la noun personifica el producto de cualquier combinación, el resultado de la acción de las fuerzas ascendentes o

14

LA TEMPERANCIA

creadoras y de las descendentes o destructivas (simbolizadas por la estrella de Salomón).

DECIMACUARTA LAMINA DEL TAROT

LA TEMPERANZA

He aquí las ideas que este símbolo debe expresar:

1º La combinación de los flúidos.

2º La individualización de la existencia.

El genio del sol vierte desde un cántaro de oro a otro de plata las esencias fluídicas de la vida. (Primera idea).

Estas esencias pasan de uno a otro vaso sin verter una sola gota. (Segunda idea).

La 14ª lámina representa a la joven del arc. 11 y que volveremos a hallar en la 17. La corriente vital, representada en el arc. 11 por el símbolo que ostenta sobre la cabeza, pasa aquí de un cántaro al otro; en el arc. 17 veremos la expansión de esta corriente.

La décimacuarta lámina del Tarot nos muestra los flúidos que circulan en la naturaleza.

1º Combinación de los flúidos y de los pasivos. Introducción del espíritu en la materia y reacción de la materia sobre el espíritu: INVOLUCION.

2º Reflejo de la Justicia en el mundo material: La TEMPE-RANZA.

3º Fijación de la vida refleja. Encarnación de la vida: LA VIDA INDIVIDUAL Y CORPORAL.

14 נ

LA TEMPERANZA

RELACIONES	SIGNIFICADOS
Jeroglífico primitivo: Un fruto.	LA INVOLUCION El Espíritu desciende en la materia
Astronomía: Scorpio	
Mes: Octubre	LA TEMPERANZA
Letra hebráica: Noun (simple)	
	LA VIDA INDIVIDUAL Y CORPORAL

15 ס

15ª LETRA HEBRAICA (SAMECH)

ORIGEN DEL SIMBOLISMO DE LA DECIMAQUINTA LAMINA DEL TAROT

Jeroglíficamente la samech expresa las mismas ideas de la zaïn, es decir una flecha, un arma cualquiera; mas en este caso la idea se completa mediante una nueva concepción: el movimiento circular realizado por la misma, lo que presupone que cualquier objeto en movimiento tendrá como signo representativo a la flecha (si este movimiento es circular). Ahora bien: el límite del círculo es la circunferencia; por lo tanto es la circunferencia la que delimita la superficie o área circunscripta por ella.

Esta idea de una circunferencia, cuyos límites no pueden ser sobrepasados, es lo que ha dado pie al concepto de Destino, de Fatalidad (superficie del círculo sobre la cual juega libremente la voluntad humana, pero cuya circunferencia señala el dominio del Destino). La serpiente que se muerde la cola, es el símbolo que traduce el concepto anterior, al mismo tiempo que la imagen del

15

EL DIABLO

año (anillo), y de las revoluciones fatales y determinadas de los tiempos.

La samech constituye el lazo (zaïn) reforzado y replegado sobre sí mismo. Como letra simple corresponde al signo zodiacal Sagitario.

DECIMAQUINTA LAMINA DEL TAROT

EL DIABLO

En todas las cosmogonías, el Diablo representa esa misteriosa fuerza astral cuyo origen revela el jeroglífico que caracteriza a Samech. Una observación atenta del símbolo nos permitirá encontrar los mismos datos que hemos hallado ya en diversas láminas del Tarot, pero presentadas bajo un nuevo aspecto. En efecto, colocad el Mago al Lado del Diablo y no tardaréis en descubrir que los brazos de ambos personajes realizan el mismo gesto, mas de una manera invertida. El Mago dirige su mano derecha hacia el Universo y la izquierda hacia Dios; el Diablo, en cambio, eleva la derecha hacia el cielo y la izquierda hacia la tierra. En lugar de la varita mágica e iniciatriz del Mago, el Diablo muestra la antorcha encendida, símbolo de la magia negra y de la destrucción.

Al lado del Diablo, y equilibrados por él, se hallan dos personajes (que reproducen el mismo símbolo de las dos mujeres del arc. 6 —El Enamorado—), y que también se hallan representados por los montantes de la horca del Ahorcado (arc. 12).

La fuerza animatriz universal, representada por el arc. 3, se ha transformado aquí en la fuerza destructora universal. El cetro de Venus-Urano se ha transformado en la antorcha del demonio y las alas del Angel en los odiosos alones del Dios del mal.

El arc. 3 simboliza el Espíritu Santo o la Providencia de Fabre D'Olivet.

$$15 + 3 = 18; \quad 18/2 = 9$$

El arc. 9, término medio entre ambas figuras, simboliza la Prudencia o la Voluntad humana de Fabre D'Olivet.

El Diablo ha materializado sobre su cabeza el flúido universal que envolvía la cabeza del Mago, tal como lo demuestra los dos cuernos (los cuales muestran seis puntas cada uno) que lo decoran. Se halla sentado sobre un cubo que descansa sobre una bola, para indicar el dominio de la Materia (cubo) sobre el Espíritu (la esfera).

Del simbolismo de la 15ª lámina del Tarot se obtienen los siguientes significados:

1º EL DESTINO (el azar).

2º LA FATALIDAD, resultado de la "caída" de Adán-Eva.

3º El flúido astral que individualiza.

NAHASH, el Guardián del umbral.

15 ‫ס‬

EL DIABLO

RELACIONES	SIGNIFICADOS
Jeroglífico Primitivo: La serpiente.	EL DESTINO El azar
Astronomía: Sagitario.	
Mes: Noviembre.	LA FATALIDAD Resultado de la caída de Adán-Eva.
Letra hebraica: Samech (simple).	
	NAHASH El Dragón del umbral.

16 ע

16ª LETRA HEBRAICA (GNAIN)

ORIGEN DEL SIMBOLISMO DE LA DECIMA SEXTA LAMINA DEL TAROT

La Gnaïn expresa el mismo jeroglífico que la vau (6), solamente que en este caso el jeroglífico se ha materializado. Es el signo del Sentido Material. En su aspecto degenerado, este signo expresa también todo lo que es curvo, falso, perverso y malo.

Astronómicamente esta letra corresponde al signo zodiacal Capricornio.

DECIMASEXTA LAMINA DEL TAROT

LA CASA DE DIOS

Una torre cuyas almenas han sido destruídas por el rayo. Un hombre coronado y otro sin corona se precipitan al vacío, arrastrados por las ruinas. Uno de ellos reproduce la forma de la letra Gnaïn.

En esta figura vemos aparecer, por primera vez, la imagen de una construcción material. Volveremos a encontrar este símbolo en los arcanos 18 y 19. Se trata aquí del mundo visible o material en el cual se encarna el mundo invisible o espiritual. Figura la caída de Adán en la materia, el cual seguirá materializándose cada vez más hasta alcanzar el arcano 18, punto en el cual la materialización alcanzará su valor óptimo.

El sentido de este arcano deriva en su totalidad de esta idea de caída, de materialización de la letra vau.

1º Materialización de Dios el Espíritu Santo. (Ver arc. 3).

Introducción del Espíritu Santo en el mundo visible. El Espíritu Santo obrando como el Dios de la materia.

DESTRUCCION DIVINA

2º Materialización de Adán-Eva, en estado espiritual hasta este momento. Entrada de Adán-Eva en el mundo visible: LA CAIDA. (Reflejo de la muerte).

LA CASA DE DIOS

3º Materialización del Universo-principio: EL MUNDO VI-
SIBLE.

16 ע

LA CASA DE DIOS

RELACIONES	SIGNIFICADOS
Jeroglífico primitivo: Vau (lazo material).	DESTRUCCION DIVINA
Astronomía: Capricornio. Mes: Diciembre.	LA CAIDA
Letra hebraica: Gnain (simple).	EL MUNDO VISIBLE

17 פ

17ª LETRA HEBRAICA (PHE)

ORIGEN DEL SIMBOLISMO DE LA DECIMASEPTIMA
LAMINA DEL TAROT

Jeroglíficamente, la phé expresa las mismas ideas que la beth
(arc. 2), mas en un sentido más "expansivo". Si la beth significa
fundamentalmente la boca del hombre como órgano de la palabra,
la phé significa más bien el producto de este órgano, esto es la
palabra.

Es el signo de la palabra y de todo aquello que con ella se
relaciona. Es el "verbo en acción" en la naturaleza con todas sus
consecuencias. Así esta letra se relaciona astronómicamente con

L'ÉTOILE

LA ESTRELLA

Mercurio, Dios de la Palabra y de la difusión científica o comercial, Dios del intercambio universal entre todos los seres de todos los mundos.

La phé es una letra doble.

DECIMASEPTIMA LAMINA DEL TAROT

LA ESTRELLA

Las ideas que este símbolo debe expresar son:

1° La expansión de los flúidos.

2° Su eterna renovación.

Una joven desnuda vierte sobre la tierra los flúidos de la vida universal, mediante dos copas.

El genio del Sol (arc. 14) ha descendido ahora hasta nosotros, bajo la figura de esta joven, imagen de la eterna juventud. Los flúidos que antes trasvasaba de una a otra ánfora, los vuelca ahora sobre la tierra. (Primera idea).

Esta joven está coronada por siete estrellas, en el medio de las cuales resplandece una de mayor tamaño. Cerca de la joven un Ibis o también una mariposa, depende del Tarot que se considere, se posa sobre una flor.

Volvemos a hallar aquí el símbolo de la inmortalidad. El alma (Ibis o Mariposa) debe sobrevivir al cuerpo, el cual no es más que un instrumento de experiencia (flor efímera). El coraje necesario para resistir las pruebas, vendrá de lo alto. (Astros).

La caída de lo divino y lo humano en lo material, tan pronto se ha operado, surge una voz misteriosa que viene a renovar el coraje del Pecador, permitiéndole entrever la ascensión futura en virtud de las pruebas que sufrirá. Esta lámina balancea los nocivos efectos de la precedente. Esto explica su significado.

1. *Oposición a la destrucción.* Nada se destruye definitivamente. Todo es eterno e inmortal en Dios: INMORTALIDAD. Creación del alma humana.

2. La caída no es irreparable, nos dice ese sentimiento íntimo al que denominamos LA ESPERANZA.

3. El Universo visible contiene en sí la fuente de su divinización, es: LA FUERZA DISPENSADORA DE LOS FLUIDOS que le da los medios para renovar eternamente sus creaciones después de la destrucción.

17 פ

LA ESTRELLA

RELACIONES	SIGNIFICADOS
Jeroglífico primitivo: La Palabra (la boca y la lengua).	LA INMORTALIDAD
Astronomía: Mercurio.	LA ESPERANZA
Día: Miércoles.	
Letra hebraica: Phé (doble).	LA FUERZA DISPENSADORA DE LOS FLUIDOS

18 צ

18ª LETRA HEBRAICA (TSADE)

ORIGEN DEL SIMBOLISMO DE LA DECIMA OCTAVA LAMINA DEL TAROT

Jeroglíficamente, la tsade expresa las mismas ideas de la teth (arc. 9), sobre todo la idea de término, meta, fin. Por lo tanto constituye un signo final y determinativo que se relaciona con las ideas de límite, de escisión, de solución, etc. La tzade, letra simple, corresponde al signo zodiacal libra.

DECIMAOCTAVA LAMINA DEL TAROT

LA LUNA

Acabamos de recorrer los escalones que el espíritu desciende en su caída en la materia. Estamos ya en el fin: el espíritu se halla totalmente materializado (es precisamente lo que nos enseña la 18ª lámina).

Un campo débilmente iluminado por la luna.

La luz, símbolo del alma, se proyecta ahora indirectamente, lo que nos enseña que el mundo material se halla iluminado por reflejo.

El campo se halla limitado por dos torres, que sirven de mojones. De la luna se desprenden gotas de sangre.

El mundo material es la meta final hacia la cual tiende el espíritu. Nada puede descender de más allá, es lo que indican las torres. Las gotas de sangre representan el descenso del espíritu en la materia.

Un sendero rociado por gotas de sangre se pierde en el horizonte. En el trayecto un perro y un lobo aúllan a la luna. Un cangrejo sale del agua y trepa entre los dos animales.

La introducción del espíritu en la materia representa una caída tan considerable que todo conspira para aumentarla. Los espíritus serviles (perros), las larvas feroces (lobos) y los elementales rampantes (cangrejos) vigilan la caída del alma en la materia para ensayar de oprimirla todavía más.

1. Final de la Materialización divina. Punto final de la involución: EL CAOS.

2. Final de la Materialización adámica: EL CUERPO MATERIAL Y SUS PASIONES.

3. Final de la Materialización física: LA MATERIA.

18

18 צ

L A   L U N A

RELACIONES	SIGNIFICADOS
Jeroglífico primitivo: Un techo.	EL CAOS
Astronomía: Libra.	
Mes: Enero.	EL CUERPO MATERIAL Y SUS PASIONES
Letra hebraica (Tsade) simple.	
	LA MATERIA

Con el tercer septenario termina la "involución", es decir el descenso del espíritu en la materia. Las tres últimas cartas del Tarot nos indicarán de qué manera las fuerzas emanadas progresivamente volverán a su principio común mediante la "evolución".

CONSTITUCION DEL UNIVERSO

El Principio Transformador Universal

La Inmortalidad   El Caos

La Involución   El Destino

La destrucción
UNIVERSO –DIOS

La Muerte

La Esperanza   El Cuerpo Material

La Vida Corporal   La Fatalidad

La caída
adámica
UNIVERSO –HOMBRE

La fuerza plástica universal

Efusión de los flúidos (Las fuerzas físicas)   La Materia

La vida universal   Nabask El dragón del umbral Luz astral en circulación

Mundo Visible
UNIVERSO–UNIVERSO

UNIVERSO-UNIVERSO

CAPITULO XIII

ARCANOS 19 A 21

La Coph y el Sol. — La Resch y El Juicio. — La Shin y El Loco. —
La Thau y El Sol. — El ternario de transición.

19 ק

19ª LETRA HEBRAICA (COPH)

ORIGEN DEL SIMBOLISMO DE LA DECIMANOVENA
LAMINA DEL TAROT

Jeroglíficamente la coph expresa un arma cortante, todo lo que
es útil al hombre, lo que lo defiende y le presta ayuda. Por lo
tanto la coph es un signo eminentemente compresivo, astringente
y cortante; es la imagen de la forma aglomerante y restrictiva, de
aquí la idea de "existencia material". Incluye así mismo los caracteres de la letra coph en el sentido de la materialización completa
aplicado, desde luego, a los objetos puramente físicos. Veamos la
progresión del signo:

ה (hé 5). La Vida Universal.

ח (heth 8). La existencia elemental. El esfuerzo de la naturaleza.

כ (caph 11). La vida asimilada referida a las formas naturales.

ק (coph 19). La existencia material expresándose en las formas.

Astronómicamente, la letra coph corresponde al signo zodiacal Piscis.

DECIMANOVENA LAMINA DEL TAROT

EL SOL

Dos niños desnudos encerrados en un cerco amurallado. Encima, el Sol lanza sus rayos sobre la tierra; gotas de oro que se desprenden del astro rey caen alrededor de los niños.

El espíritu se halla ahora en la parte superior. Ya no es la luz reflejada, como en el arcano precedente, la que aclara esta figura, sino la luz creadora, la luz del Dios de nuestro Universo. El cerco amurallado nos informa que nos hallamos todavía en el mundo visible o material. Los niños representan los flúidos creadores, positivo y negativo del ser naciente.

1. Despertar del Espíritu. Transición del mundo material al mundo divino. La materia como función de Dios: LOS ELEMENTOS.

2. El cuerpo del hombre se renueva: LA NUTRICION, LA DIGESTION.

3. La materia del mundo comienza su ascensión hacia Dios. EL REINO MINERAL.

LE SOLEIL

19

EL SOL

19 ק

EL SOL

RELACIONES	SIGNIFICADOS
Jeroglíf. primitivo: Un hacha, arma cortante.	LOS ELEMENTOS
Astronomía: Piscis.	LA NUTRICION
Mes: Febrero.	La digestión
Let. heb.: Coph (simple).	EL REINO MINERAL

20 ר

20ª LETRA HEBRAICA (RESCH)

ORIGEN DEL SIMBOLISMO DE LA VIGESIMA LAMINA DEL TAROT

Jeroglíficamente, la resch representa la cabeza del hombre. De aquí la idea de todo aquello que posee en sí un movimiento propio y terminante. Es el signo del Movimiento propio; malo o bueno, expresa la renovación de las cosas, por lo que a su movimiento se refiere.

La resch es una letra doble y corresponde astronómicamente a Saturno.

VIGESIMA LAMINA DEL TAROT

Un angel con alas de fuego, situado en una aureola de gloria fulgurante, hace resonar la trompeta del juicio final. Una cruz lo decora.

LE JUGEMENT

20

EL JUICIO

Una tumba se abre y un hombre, una mujer y un niño aparecen juntando las manos en signo de adoración. ¿Es posible expresar con mayor acierto el despertar de la Naturaleza bajo la influencia del Verbo? ¿Cómo no admirar la justeza del símbolo que traduce el jeroglífico hebraico correspondiente?

1. Regreso al mundo divino. El espíritu vuelve a entrar en posesión de sí mismo: EL MOVIMIENTO PROPIO Y DETERMINADO.

2. La vida se renueva por su propio movimiento: LA VIDA VEGETATIVA, LA RESPIRACION.

3. La materia del mundo aumenta en un grado su ascensión hacia Dios: EL REINO VEGETAL.

20 ר

EL JUICIO

RELACIONES	SIGNIFICADOS
Jeroglífico primitivo: La cabeza del hombre.	EL MOVIMIENTO PROPIO Y DETERMINADO
Astronomía: Saturno.	
Día: Sábado.	LA RESPIRACION La vida vegetal
Let. heb. Resch (doble).	
	EL REINO VEGETAL

21ª LETRA HEBRAICA (SCHIN)

ORIGEN DEL SIMBOLISMO DE LA VIGESIMAPRIMERA
LAMINA DEL TAROT

Jeroglíficamente, la schin expresa lo mismo que la zaïn y la samech; es una flecha, un objeto que persigue una meta. Mas el movimiento, directo en la zaïn y circular en la samech, adquiere aquí las características de un movimiento rítmico y periódico, tal como ocurre con el péndulo. Por esto la schin es el signo de la *duración relativa* y del movimiento alternativo, mientras que la samech expresa el movimiento cíclico y, en consecuencia, la duración absoluta. Esta letra es una de las tres letras madres.

VIGESIMAPRIMERA LAMINA DEL TAROT

EL LOCO

Un hombre de aspecto distraído y cubierto con un bonete de loco, una alforja a la espalda y el traje desilachado, camina sin preocuparse, al parecer, de que un perro le muerde las piernas. Marcha sin mirar el precipicio que se abre a sus pies y en el cual se halla un cocodrilo dispuesto a devorarlo. Es la imagen de la situación a que arriba el humano ser cuando sus pasiones lo dominan. Desde el punto de vista moral, estos cuatro versos de Elifas Levi explican magníficamente el simbolismo.

Sufrir es trabajar, es cumplir su tarea.

Desgraciado de los perezosos que duermen sobre el camino.

El dolor, como un perro, muerde los talones del cobarde, quien por un solo día perdido, sobrecarga su mañana.

1. Regreso, en forma más activa, al mundo divino. La personalidad se afirma: EL MOVIMIENTO DE DURACION RELATIVA.

2. La intelectualidad se perfila bajo la influencia de la evolución: LA INERVACION, EL INSTINTO.

3. La materia alcanza su máximo de progresión material: EL REINO ANIMAL.

LE MAT

EL LOCO

21 שׁ

E L   L O C O

RELACIONES	SIGNIFICADOS
Jeroglífico primitivo: Una Flecha. Let. hebraica: SCHIN (una de las tres letras madre).	EL MOVIMIENTO DE DURACION RELATIVA
	El Instinto LA INERVACION
	EL REINO ANIMAL

22ª LETRA HEBRAICA (THAU)

ORIGEN DEL SIMBOLISMO DE LA VIGESIMASEGUNDA LAMINA DEL TAROT

Jeroglíficamente, la thau expresa el seno, al igual que la daleth (arc. 4); pero más específicamente es el signo de la reciprocidad, la imagen de la mutualidad y de la reciprocidad. Es el signo de los signos, pues une a los caracteres de daleth (arc. 4) y a la fuerza de resistencia y de protección de la teht (arc. 9), la idea de *perfección* (que es la esencia de su símbolo).

En el primitivo alfabeto hebraico, la teht se representaba por una cruz (+); es una letra doble y representa astronómicamente al Sol.

VIGESIMASEGUNDA LAMINA DEL TAROT

En el centro de una elipse aparece una joven desnuda. En cada mano sostiene una varita. Mantiene las piernas cruzadas, tal como lo hace el Ahorcado del arc. 12. En las esquinas de la lámina aparecen, sucesivamente, los cuatro animales citados por los Evangelistas y las cuatro formas de la Esfinge: El hombre, el León, el Toro y el Aguila. Este símbolo representa el Macrocosmo y el Microcosmo, es decir Dios y la Creación o la Ley del absoluto. Las

LE MONDE

22

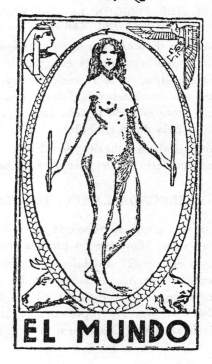

EL MUNDO

cuatro figuras representan las cuatro letras del nombre sagrado y también los cuatro símbolos superiores del Tarot.

El Basto o iod = Fuego.
La Copa o hé = Agua.
La Espada o vau = Tierra.
El Oro o 2ª hé = Aire.

Esta relación puede escribirse así:

Basto   Oros

Copa   Espada

Entre el nombre sagrado (DIOS) y el centro de la figura se ve un círculo y una elipse que representa a la NATURALEZA en su curso regular y fatal, es por esto que Guillermo Postel le da el nombre de "Rota" (rueda). En cuanto al centro de la figura, representa la humanidad ADAN-EVA, tercer término de la gran serie del absoluto cuya constitución es la siguiente:

El Absoluto impenetrable, EN SOPH de los cabalistas, PARA-BRAHM de los hindúes:

El Espíritu del Absoluto o Dios: 1º septenario.
El Alma del Absoluto o El Hombre: 2º   "
El Cuerpo del Absoluto o el Universo: 3º   "

Esta lámina resume nuestro trabajo y prueba el rigor lógico de nuestras deducciones. Una simple figura resume cuanto dejamos expuesto.

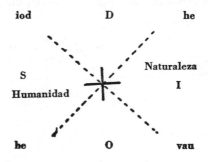

Este símbolo nos da con toda exactitud los elementos de la construcción del Tarot: la figura central reproduce un triángulo (la cabeza y dos brazos extendidos) en cuya parte superior se halla una cruz, es decir, la figura del septenario cuyo vértice superior sostiene una cruz.

Las cuatro esquinas reproducen los cuatro grandes símbolos del Tarot. El centro reproduce la interacción de estos símbolos figurados por los 10 números de los arcanos menores y las 22 letras de los mayores. Por último, el centro mismo, expresa en particular la ley septenaria de los arcanos mayores. Y dado que este septenario ocupa precisamente el centro de los tres círculos, correspondientes a los tres mundos, queda determinado una vez más el sentido de los 21 arcanos mayores (3 x 7 = 21).

A continuación exponemos las aplicaciones de la lámina 21.

Esta misma lámina nos facilitará las normas de nuestro juego para aplicarlas al Año, la Filosofía, la Cábala, etc., etc.

EL TERNARIO DE TRANSICION:

Los Elementos

El movimiento propio
y determinante.

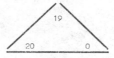

El movimiento de
duración relativa.

REPRODUCCION DIVINA

La Nutrición

El reino mineral

La Respiración

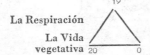

La Vida
vegetativa

Inervación
Instinto

Reino
Vegetal

Reino
Animal

REPRODUCCION DEL HOMBRE   REPRODUCCION DEL UNIVERSO

21
(en un círculo)

El Absoluto
encerrando en sí mismo
EL HOMBRE
EL UNIVERSO

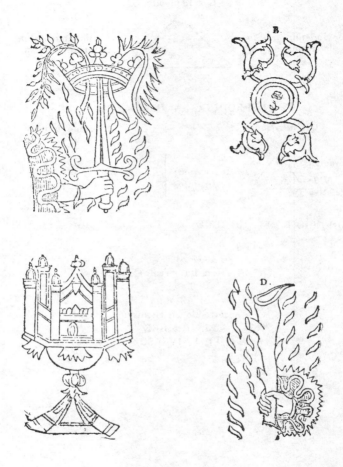

Tarot de Court de Gebelin

Los Ases

A la memoria del autor de "Los Grandes Misterios",
el filósofo Eugenio Nus.

CAPITULO XIV

RESUMEN GENERAL DEL TAROT SIMBOLICO

TEOGONIA — ANDROGONIA — COSMOGONIA

Involución y evolución — Teogonía — El Absoluto según Wronski,
Lacuria y el Tarot — Teogonía de las diversas religiones idénti-
cas a las del Tarot — Resumen de Androgonía — Cosmogonía.
Tabla que resume el simbolismo de todos los arcanos mayores y
que permite hallar inmediatamente su sentido, cualquiera que
este sea.

RESUMEN GENERAL DEL SIMBOLISMO DE LOS
ARCANOS MAYORES

Terminado nuestro estudio sobre cada uno de los 22 arcanos mayores, debemos ahora resumir las enseñanzas que puedan inferirse
de tan prolongada exposición.

Al estudiar la primera lámina tuvimos ocasión de establecer tres
principios evolutivos, a saber: El Universo, el Hombre y Dios. Bastaría con recordar "grosso modo" el sentido de cada una de las láminas del Tarot para constatar la acción de una progresión que, partiendo del Espíritu Santo, concluye en la Materia, pasando por una serie

incalculable de modalidades. De la materia nace una nueva progresión, que vuelve al origen primitivo, esto es, Dios.

Esta doble corriente de "Materialización progresiva" de lo Divino o INVOLUCION, y de la "Divinización progresiva" de lo Material o EVOLUCION, ha sido demasiado bien estudiada por nuestro amigo BARLET, para que nosotros tengamos que añadir una sola palabra. Más adelante damos "in extenso" este magnífico trabajo, con ayuda del cual el lector podrá apreciar el paralelismo entre las conclusiones de aquel autor y las nuestras (obtenidas por senderos muy distintos por cierto). Nuestro deseo no es otro, que el de expresar en una breve síntesis el sentido de los arcanos mayores; de lo que se infiere que nuestro trabajo implica una verdadera Cosmogonía o estudio de la creación del Universo, más una Androgonía o estudio de la creación del Hombre, terminando con un ensayo de Teogonía o estudio de la creación de Dios.

TEOGONIA

En el origen, el Tarot predica lo ABSOLUTO, indeterminado e indeterminable, el UNO, a la vez consciente e inconsciente, afirmativo y negativo, fuerza y materia, innombrable, incomprensible para el hombre.

La Unidad se manifiesta a sí misma mediante tres términos, siendo éstos los más elevados y generales que el entendimiento humano pueda concebir. Dichos términos constituyen el fundamento de todas las teogonías y sirven para explicar ciertos principios invariables, conocidos con nombres muy diversos.

El primero de estos términos simboliza la *Actividad Absoluta* en sus diversas acepciones, el origen de cualquier movimiento y de toda fuerza masculina creadora: DIOS EL PADRE, OSIRIS, BRAHMA, JUPITER. El segundo término simboliza el *Pasivo absoluto* en todas sus aplicacions, el origen del reposo, de cualquier fuerza femenina conservadora (es el principio húmedo de la naturaleza así como el primero constituía el ígneo): DIOS EL HIJO, ISIS, VICHNOU, JUNO. El término tercero es el más importante de todos, pues es el que sintetiza los anteriores en una sola Unidad; por lo tanto, nuestro estudio debería haber comenzado por éste (dado que ningún ser puede ser concebido sino es en forma sintética, y el tercer término es precisamente el origen de toda síntesis); es la *Unión Absoluta* en todas sus diversas acepciones, el origen de toda realidad, de todo equilibrio, de cualquier fuerza equilibrante y transformadora; es el principio mercurial de la naturaleza que equilibra a los dos anteriores: DIOS EL ESPIRITU SANTO, HORUS, SIVA, VULCANO.

Con el fin de aclarar lo que sigue, formularemos algunas observaciones de importancia.

Hemos dicho ya que no es posible concebir ser alguno sino es desde el punto de vista sintético. Explicaremos nuestro pensamiento. Tomemos como ejemplo la definición de Saint Martín: "Hay que explicar a la naturaleza por el hombre y no al hombre por la naturaleza".

Sintéticamente considerado, el hombre se compone de un cuerpo que contiene un alma, y su característica es la movilidad. Si tratamos de imaginarnos este cuerpo aislado del alma y, en consecuencia, sin movimiento, la realidad desaparece de inmediato; ya no es un hombre lo que tenemos por delante sino un fantasma (que podemos analizar y estudiar en sus partes diversas, pero cuya realidad ha quedado inhibida por falta de una idea sintética). Lo mismo ocurrirá al querer abstraer el alma del cuerpo que la aprisiona. Imaginar la vida como independiente de su recipiente es crear una ficción metafísica sin explicación posible. Este es precisamente el argumento usado por los materialistas en contra de los idealistas intransigentes.

La dificultad aumenta cuando nos referimos al principio que obra en este cuerpo: la Voluntad, el Alma. El análisis no aportaría mayores beneficios, pues resultaría punto menos que imposible concebir el alma fuera de su envoltura física. Podremos imaginárnosla como una pequeña bola, como una cabeza alada, pero nunca tal como ella es considerada individualmente.

Pero si decimos: Un Hombre, de inmediato los tres términos que lo constituyen se objetivarán en nuestra mente, pues expresarán una realidad, un ser compuesto de cuerpo, vida y voluntad. Esta síntesis, en virtud de la cual se alcanza la existencia y la realidad es la característica del tercer término. Wronski llama a este término *Elemento neutro* y lo sitúa en el origen de todos sus estudios.

De todo esto resulta que la trinidad formada por los tres términos ya considerados debe ser entendida bajo dos aspectos:

1º Primeramente hay que descubrir la *síntesis* de esta trinidad, síntesis que constituye la razón de ser de su realidad. El tercer término (Dios el Espíritu Santo) resume en sí estas condiciones;

2º Luego hay que *analizar* esta síntesis descomponiéndola en sus tres términos constitutivos y determinando la existencia de los dos términos opuestos: activo y pasivo, positivo y negativo. No hay que olvidar que en el transcurso de este análisis la realidad del ser así fraccionado queda destruída.

En consecuencia, cualquier realidad que podamos imaginar se hallará compuesta de tres términos, los cuales se resumen en un todo único. Esta verdad halla su justa aplicación tanto en lo físico como en lo metafísico. Los trabajos de Louis Lucas sobre la física y la química, los de Wronski sobre las matemáticas representan un argumento irresistible en contra de los que piensan que un principio filosófico no es otra cosa que una fantasmagoría inútil.

El tercer término de nuestra serie teogónica o Dios El Espíritu Santo, representa por lo tanto el *cuerpo total* de Dios, el cual puede *analizarse* del modo siguiente:

DIOS EL ESPIRITU SANTO
Síntesis
3

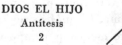

DIOS EL HIJO
Antítesis
2

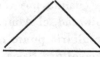

DIOS EL PADRE
Tesis
1

Para resumir cuanto hemos estudiado hasta aquí, puntualizaremos las enseñanzas que se infieren de su contenido:

1º Un principio indeterminable e inombrable que nos conformamos con afirmar.

2º El *análisis* de este principio sintético se presenta con la forma de una trinidad, constituída del siguiente modo:

Neutro

∞

DIOS EL ESPIRITU SANTO

Negativo ⟋⟍ Positivo

PRINCIPIO NEGATIVO 2 ⟋⟍ PRINCIPIO POSITIVO I

Usando una imagen vulgar pero muy sugestiva, podríamos decir: Según el Tarot, la constitución de Dios se define así:

El Espíritu de Dios o *Dios el Padre*.

El Alma de Dios o *Dios el Hijo*.

El Cuerpo de Dios o *Dios el Espíritu Santo* (¹).

Nos queda ahora por demostrar que las conclusiones del Tarot son idénticas a las obtenidas por todos aquellos autores que se han ocupado de estas cuestiones, como asimismo con todas las teogonías de la antigüedad.

1º PRINCIPALES AUTORES QUE SE HAN OCUPADO DEL ASUNTO

De entre los autores que se han dedicado al estudio de los primeros principios, elegiremos dos escritores, los cuales, partiendo de puntos de vista opuestos, arriban a conclusiones iguales a las del Tarot. Son estos: Lacuria y Wronski.

F. G. LACURIA

En su libro sobre las "Armonías del ser expresadas por los números", este eminente autor parte, en sus deducciones, de tres vocablos

(¹) El término Espíritu está tomado aquí en el sentido de: principio superior y creador; alma en el sentido de: principio intermedio y animador. Ambos términos no coinciden con las interpretaciones dadas por otros autores.

citados por San Juan: VITA, VERBUM, LUX. Analiza cada uno de estos términos, establece sus relaciones con la trinidad de los cristianos y determina los elementos que la integran.

"He aquí la Trinidad: el Padre, que es Vida o Inmensidad; el "Hijo, que es Verbo o forma y distinción o variedad; el Espíritu "Santo, que es Luz y amor o unidad. Estas tres personas son un solo "Dios, y su unidad está no solamente en el hecho eterno de su exis- "tencia, sino en la esencia misma de las cosas *puesto que el pensa-* "*miento no puede separarlas;* no puede concebirse uno sin el otro.

"En su origen, el Ser se halla indeterminado, mas se distingue "del NO SER; reconoce que es el ser, y estos dos puntos de vista, "produce *por su unión* LA CONCIENCIA que es también luz o armonía."

+	—
EL SER	EL NO SER
El Padre	El Hijo
La Vida	El Verbo

∞

LA CONCIENCIA
El Espíritu Santo
La Luz

Primer principio de Lacuria.

HENE WRONSKY

Este autor nos interesa particularmente, no solamente porque sus conclusiones concuerdan con las del Tarot, sino también porque las vuelve más comprensibles. Escuchémoslo: (Apodíctica, p. 5)

"Así la realidad del Absoluto, La Realidad en sí misma, o la realidad en general, es, incuestionablemente, *la primera determina- ción* de la esencia misma del Absoluto; y, en consecuencia, el *principio primero* de la razón (sin la cual, todas estas aserciones carecerían de valor). Y es sobre este principio fundamental de la razón, sobre esta condición indestructible e indispensable que estableceremos, con igual infalibilidad, la filosofía absoluta.

Digamos, ante todo, que esta realidad del absoluto —que acabamos de reconocer en su aspecto más profundo— se produce, es decir, se crea a sí misma; pues, como lo hemos asentado irrevocablemente, el Absoluto (este término indispensable de la razón) es aquello que és por sí mismo. Por lo tanto, esta autogeneración, esta autogenia de la realidad del absoluto, esta autocreación, es, manifiestamente, una *segunda determinación de la esencia misma del absoluto*, y la condición en virtud de la cual puede manifestarse esta determinación constituye la facultad que designa con el nombre de *Saber*.

Vemos entonces que el segundo atributo esencial del absoluto es el SABER.—esta facultad primordial que es la condición de toda *creación*, mejor dicho, que es la misma *facultad creadora*— la cual, elevada a su máxima potencia, tal como acabamos de reconocerla, es —si así puede decirse— *el instrumento de la autogenia*, esto es la facultad de la autocreación. Encontramos, por lo tanto, en el *saber*, elevado a su más alta potencia creadora, el *segundo principio* de la razón, el cual resulta tan infalible como el del absoluto hallado anteriormente.

A continuación, considerando que en su esencia, la resultante necesaria del saber del absoluto es una FIJEZA PERMANENTE (puesto que "si és por sí mismo" el absoluto no podría ser diferente de lo que és) se concebirá que esta fijeza permanente en la realidad del absoluto (que es precisamente su autotesis) constituye una *tercera determinación* de la propia esencia del absoluto; deduciéndose en consecuencia de esta fijeza, de esta permanente invariabilidad, de este sí mismo inalterable, la condición de la realidad que designamos con el nombre de ser.

Encontramos así, como tercer atributo del absoluto, el SER: que es la condición de la fijeza en la realidad y, en consecuencia, de su *fuerza o autoinalterabilidad*, la cual, en lo absoluto, constituye su propia autotesis. En consecuencia, descubrimos en el *ser*, considerado en la proximidad de su origen autotético, el *tercer* principio de la razón, el absoluto, del cual lo hemos deducido.

Con esto poseemos ya los tres principios primeros de la razón, los cuales, como acabamos de verlo, son las tres primeras determinaciones de la esencia misma del absoluto. Además, si consideramos, por una parte, que el *saber* es el *ser* (considerándolos en su más amplio sentido), observaremos que se oponen uno al otro al igual que la autogénesis y la autotesis, los cuales traducen sus condiciones esenciales —o como lo son la espontaneidad y la inercia, que expresan sus caracteres—; por otra parte, si ahora se observa que el saber y el ser se hallan neutralizados en toda REALIDAD (considerada en el más amplio sentido) la cual, según la deducción que acabamos de proponer, constituye el principio fundamental de la razón —su base primitiva— se concebirá que estos tres principios que acabamos de hallar en la determinación de la esencia del absoluto, son precisamente los tres principios primitivos del Saber Supremo o de la Filosofía.

+

EL SABER
La Autogénesis
Principio del Movimiento

—

EL SER
La Autotésis
Principio de la Fijeza

∞

LA REALIDAD
Principio de la existencia
Principio primero de Wronsky.

STANISLAS DE GUAITA

El eminente cabalista ha dedicada al Tarot varios trabajos, compilados bajo el título de "El Templo de Satán o la Clave de la Magia Negra". Se trata de un libro admirable.

TEOGONIA DE DIVERSAS RELIGIONES

Acabamos de mostrar los tres primeros principios del Tarot, en correspondencia con los descubrimientos filosóficos de algunos autores modernos. Bastará con recordar cuanto se ha dicho sobre el arcano primero para hallar igualmente las correspondencias entre las conclusiones obtenidas por Fabre D'Olivet y Claude De Saint Martín. Diremos ahora algunas palabras sobre las relaciones entre las enseñanzas del Tarot y las contenidas en las religiones de diversos pueblos.

TEOGONIA EGIPCIA

Osiris es una emanación del Gran Ser; se revela mediante tres personas:

Ammon, que manifiesta los modelos arquetípicos de las cosas: es el Poder.

Phta, el demiurgo, eterno obrero que realiza las ideas primitivas: es la Sabiduría.

Osiris, el autor del bien, la fuente de toda vida: es la Bondad.

"El dios egipcio, cuando se lo considera como la fuerza oculta que revela las cosas, se llama *Ammon*; cuando el que realiza las cosas con arte y verdad se llama *Phta*; en fin cuando actúa como el dios bueno y generoso se le llama *Osiris*" (Jámblico).

Principio Indederminable
RA
Trinidad Divina

+		—
AMMON		PHTA

∞
OSIRIS

TEOGONIA INDU
Principio Indeterminable
PARABRAHM

+		—
BRAHMA		VICHNOU
Creador		Conservador

∞
SIVA
Transformador

He aquí además un análisis de esta concepción aplicada a la Cosmogonía.

COSMOGONIA HINDU PRIMITIVA SEGUN EL RIG-VEDA

"No había ser ni no ser, ni éter, ni esta tienda del cielo; nada desarrallándose ni desarrollado. No había muerte ni inmortalidad; nada separaba la noche oscura del día luminoso. Mas *aquél*, EL, respiraba solamente con AQUEL de quien sostiene la vida en su seno. Fuera de él nada existía que después haya existido. Las tinieblas lo cubrían, semejante a un océano que nada alumbra. Este universo era indistinto, como los flúidos mezclados con las aguas; mas esta masa que estaba cubierta por una corteza, fué, al fin, organizada por el poder de la contemplación.

En su inteligencia se formó el primer deseo; y resultó ser la simiente productiva originaria. Esta simiente productiva se transformó en la *Providencia o alma sensible*; y *Materia o Elemento*, ELLA que es sostenida por él en su seno, fué la parte inferior, y EL que observa fué la parte superior. ¿Quién conoce exactamente y quién podría afirmar, en este mundo, de dónde y cómo esta creación ha tenido lugar?... Los dioses son posteriores a esta creación del mundo."

TEOGONIA CABALISTICA

Principio Indeterminable
AIN SOPH
El Absoluto
Trinidad divina

$+$		$-$
CHOCMAH		BINAH
La Sabiduría absoluta		La Inteligencia absoluta

∞
KETHER
La potencia equilibrada absoluta

Podríamos llevar más lejos estas comparaciones, mas sería inútil alargar desmesuradamente nuestro estudio. El lector curioso podrá consultar por sí mismo los resúmenes de las teogonías antiguas y ver la concordancia universal de los principios primitivos en todas las religiones. Nos basta con haber determinado la universalidad de nuestros tres primeros principios, que nombraremos, con los cristianos, para ser mejor entendidos:

$+$		$-$
DIOS EL PADRE		DIOS EL HIJO

∞
DIOS EL ESPIRITU SANTO

Una vez terminados estos principios, los veremos inmediatamente en acción en el curso de la creación.

El primer principio había revelado su existencia en el segundo, llamado por los cristianos: el Hijo. En fin, estos dos principios se corporizan en el tercero. He aquí porque hemos denominado hace un instante al Espíritu Santo: cuerpo de Dios.

Ahora bien; la misma ley de creación, obrando sobre las relaciones del primer principio con el segundo, va a manifestarse en la acción del primer ternario sobre sí mismo, para dar nacimiento a la Trinidad siguiente. *Dios el Padre*, principio de la *Voluntad*, se refleja todo entero sobre el rudo *Adán*, principio del *Poder*; *Dios el Hijo*, principio de la *Inteligencia* se refleja en la graciosa *Eva*, principio de la *Autoridad*. En fin Dios total, o Dios el Espíritu Santo, da cuerpo a esas dos unidades místicas y las hace una realidad en la creación equilibrada de Adán-Eva o de la HUMANIDAD.

La "Humanidad", imagen del "Amor", contiene también en ella un principio rudo y astringente (diría Jacobo Boehm) y un principio suave e insinuante. El primero de estos principios, simbolizado por Adán, es el origen de la fuerza brutal, del Poder en todas sus manifestaciones. El segundo, simbolizado por Eva, es el origen de la Gracia femenina, de la Autoridad. Hemos visto que el Poder y la Autoridad se equilibran en el Amor.

Cada hombre, molécula reflejada de la Humanidad, está hecho a su imagen; contiene en él un Adan, fuente de la Voluntad: es el cerebro; una Eva, fuente de la Inteligencia, es el Corazón; y debe equilibrar el corazón por el cerebro y el cerebro por el corazón, para ser un centro de amor divino.

Lo mismo puede decirse del hombre y de la mujer, los que representan igualmente a Adán y Eva. Mas así como el Padre y el Hijo se han vuelto realidades en el Espíritu Santo; lo mismo que Adán y Eva han tomado cuerpo en la Humanidad; lo mismo el tercer ternario va a tomar nacimiento de la acción recíproca de los otros dos.

La NATURA NATURANTE o creadora surgirá de la acción y de la reacción recíproca de Dios el Padre y de Adán (Los principios creadores, respectivamente activo y pasivo). Nace así el

Flúido Universal Creador o la Vida Universal, equilibrando y realizando la inteligencia y la autoridad, que define sus propias cualidades. En fin, el Espíritu Santo y la Humanidad, el cuerpo divino y el cuerpo humano, van a unirse y a manifestarse eternamente en el UNIVERSO VIVIENTE, fuente de la Atracción Universal.

Y así como el Espíritu Santo era el cuerpo de Dios, el Hijo su alma y el Padre su Espíritu; así como la Humanidad era el cuerpo de Adán, Eva su vida o alma, y Adán su Espíritu, así también:

El Universo es el cuerpo de Dios.

La Humanidad es el Alma de Dios.

Dios es su propio espíritu.

Comprobamos así la opinión de los Panteístas cuando definen a Dios como la reunión del universo, pero comprobamos igualmente el error que cometen cuando le niegan toda conciencia propia. Así como la conciencia del hombre es independiente de los millones de células que constituyen su cuerpo ,así también la conciencia de Dios es independiente de las moléculas del Universo y del hombre, que constituyen su cuerpo y su alma. Se podría destruir una parte del universo sin disminuir en lo más mínimo la Personalidad Divina, del mismo modo que se pueden cortar los cuatro miembros a un hombre sin que por esto deje de tener consciencia de la integralidad de su persona. He aquí porque las conclusiones de Schopenhauer y de Hartmann son en parte erróneas.

Antes de abandonar nuestro estudio admiremos una vez más ese libro maravilloso, ese libro simbólico denominado Tarot, que así define a Dios.

Dios es el Abosluto, cuya esencia es impenetrable, cuyo cuerpo es el universo, la humanidad su alma y su espíritu él mismo.

TEOGONIA

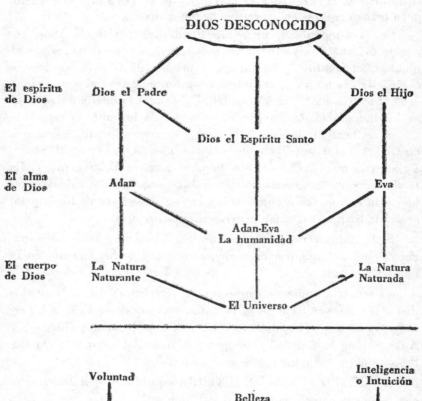

DIOS DESCONOCIDO

El espíritu de Dios — Dios el Padre — Dios el Hijo

Dios el Espíritu Santo

El alma de Dios — Adan — Eva

Adan-Eva
La humanidad

El cuerpo de Dios — La Natura Naturante — La Natura Naturada

El Universo

Voluntad
↓
Poder
↓
Flurdo Universal Creador

Belleza
↓
Amor
↓
Atracción Universal

Inteligencia o Intuición
↓
Autoridad
↓
Flúido universal conservador o vida universal

ANDROGONIA

Cada hombre contiene un *Adán* —fuente de la Voluntad— es el cerebro; una *Eva* —fuente de la Inteligencia— es el corazón, y debe equilibrar el corazón por el cerebro y el cerebro por el corazón para transformarse en un centro de amor divino.

En la Humanidad, principio Realizador pasivo de Dios, en cuanto tal, el Padre y el Hijo Divinos se hallan representados por el hombre. El hombre ejerciendo las funciones de Dios el creador, es el PADRE; la mujer ejerciendo las funciones de Dios el conservador es la MADRE; en fin el AMOR HUMANO realiza la Divinidad total en la Humanidad. La familia humana es, por lo tanto, la representación de la divinidad sobre la tierra. Es precisamente lo que nos enseña el Tarot, mediante los arcanos menores (Rey o el padre, Dama o la madre, Caballero u hombre joven y Valet o niño). Es también lo que la ciencia antigua había comprendido, cuando establecía su organización entera sobre la familia, en vez de hacerlo sobre el individuo, tal como ocurre en nuestros días.

Si la China venerable mantiene todavía en pie, desde hace muchos siglos, su organización social, es por qué la fundamentó en la familia.

El ternario humano tiene como característica: Adan, la necesidad —imagen y reflejo de la voluntad y el poder—; Eva, la Libertad —imagen y reflejo de la inteligencia y de la autoridad—; y Adán y Eva, la Caridad —imagen y reflejo del amor y de la Belleza— que aporta los términos constitutivos.

LA REALIZACION, LA JUSTICIA equilibrada por la Prudencia, revela la constitución moral del hombre ,mientras que la LUZ ASTRAL POSITIVA (OD), la LUZ ASTRAL NEGATIVA (OB) y el FLUIDO ASTRAL EQUILIBRADO (AOUR) muestra el origen de su constitución física.

La *potencia mágica*, el *Coraje* y la *Esperanza* manifiestan las cualidades morales del hombre, mientras que la *Fuerza en potencia de manifestación*, la *Vida reflejada* y la *Fuerza equilibrada* indican la influencia del Universo en él.

Así, la ley que gobierna todas estas manifestaciones de Dios en la serie de sus creaciones es la Emanación. Del centro único pero insondable, emana a continuación una trinidad de principios absolutos, que servirá de modelo a todas las emanaciones posteriores del Ser principio. Cada uno de los elementos de esta trinidad se manifiesta por dos grandes emanaciones, las que son su fuente original; del primer principio o el Padre emana sucesivamente Adan y la Naturaleza creadora (naturante, según Spinoza); del segundo principio emana Eva y la Naturaleza naturada o receptriz; en fin el principio tercero o Espíritu Santo sirve de modelo a la constitución idéntica de Adán-Eva o la Humanidad y el Universo.

Es así como el *Ternario* emanado de la Unidad misteriosa constituye a renglón seguido un *Septenario* formado por las diversas emanaciones de estos tres principios, tal como los siete colores de la gama luminosa formado por la combinación de los tres colores fundamentales, emanados ellos mismos de la *única luz*, y de las siete notas de la gama musical constituídas por la *trinidad* fundamental de los sonidos.

El Septenario, "formado por dos ternarios en el medio de los cuales se contiene la Unidad," (Sepher Jesirah), es, en consecuentia, la expresión cabal de un ser totalmente constituído. Es precisamente lo que demuestra la Teosofía hindú, mediante los *siete principios del hombre* y los *siete principios del universo*.

Concluímos nuestro estudio sobre el hombre mostrando su constitución según el Tarot, el cual demuestra que su cuerpo viene del universo, su alma del plano astral y su espíritu de Dios.

ANDROGONIA

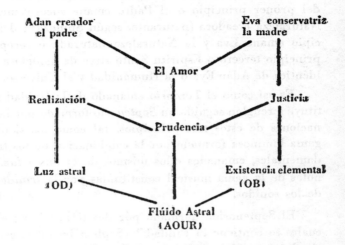

El espíritu
del hombre
(intelectual)

Adan creador
el padre

Eva conservatriz
la madre

El Amor

El alma
del hombre
(moral)

Realización

Justicia

Prudencia

El cuerpo
del hombre
no materializado
(físico)

Luz astral
(OD)

Existencia elemental
(OB)

Flúido Astral
(AOUR)

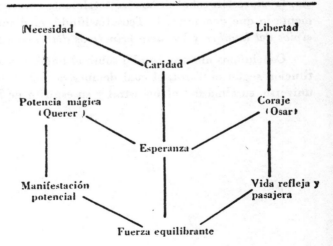

Necesidad

Libertad

Caridad

Potencia mágica
(Querer)

Coraje
(Osar)

Esperanza

Manifestación
potencial

Vida refleja y
pasajera

Fuerza equilibrante

COSMOGONIA

A medida que descendemos por la escala de las emanaciones del ser absoluto, los principios se materializan cada vez más y, en consecuencia, resultan menos metafísicos. El Tarot nos enseña que el universo es el resultado de la participación de lo humano en los actos creadores de lo divino; profundo misterio que alumbra vivamente las teorías teológicas de la caída. Jacob Boëhm, el sublime cordelero visionario y Claude de Saint Martín —su admirador y discípulo— dan a este respecto algunas explicaciones, fáciles de comprender mediante el Tarot. El investigador suficientemente curioso como para tomarse el trabajo de comprobar este aserto, quedará sorprendido de las correspondencias que hallará.

Dios se manifiesta en el Universo mediante la tercera emanación ternaria: la *Naturaleza naturante,* realizada en el PRINCIPIO TRANSFORMADOR UNIVERSAL; la *Naturaleza naturada* realizada en la INVOLUCION, y, en fin, en esa misteriosa fuerza cíclica que hemos analizado al estudiar el arcano 15 y que denominaremos: la FUERZA FATAL DEL DESTINO. Este es el Dios adorado por la ciencia materialista, y se vé que en su ignorancia, ofrece sus homenajes a la propia divinidad —en la forma más materialista— creyéndose, no obstante, profundamente atea.

LA MUERTE, LA VIDA CORPORAL y EL DESTINO que regula sus relaciones recíprocas, constituirán los principios conservadores del Universo; en fin, la FUERZA PLASTICA, LA VIDA INDIVIDUAL y LA LUZ ASTRAL EN CIRCULACION nos mostrará los medios de Transformación y de Realización utilizados por el Kosmos.

Mas éstos son principios abstractos; si deseamos verlos en acción consideremos el ternario siguiente. *El Principio transformador universal* revela su existencia por la DESTRUCCION de los seres y de las cosas; más de inmediato el *principio opuesto por la Involución,* INMORTALIZA la Destrucción por el influjo de las nuevas corrientes divinas en el Caos. Así también, Adán, se materializa por LA CAIDA de su espíritu en la materia, fuente de la MUERTE;

mas la *Vida corporal*, fuente de la *Esperanza*, nace y concede los medios de rescatar la falta por el sufrimiento del CUERPO MATERIAL. Por último aparece la propia *materia*, último término de la involución, después de la cual comenzará la grandiosa Evolución hacia el centro primitivo.

Creemos inútil manifestar que solamente hemos querido describir a grandes rasgos las enseñanzas del Tarot respecto de la Teogonía, la Androgonía y la Cosmogonía, sin entrar en mayores detalles. Se trata de un asunto demasiado grave; muy lejos de nosotros la intención de aparecer ni siquiera como un mero comentador de tan profunda metafísica.

COSMOGONIA

El Espiritu
del Universo

El Alma del
Universo

El Cuerpo del
Universo

Natura naturante en
acción. El principio
transformador uni-
versal

El Universo en ac-
ción. La fuerza fa-
tal del destino.

La Muerte

La Fuerza
plástica

El Destino

Natura naturada
en acción

La Involución

La Vida corporal

La Vida individual

La Luz astral en
circulación
Nahash

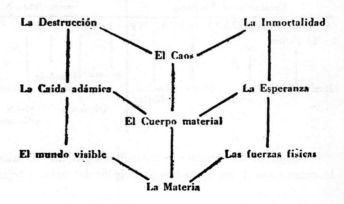

La Destrucción

La Inmortalidad

El Caos

La Caida adámica

La Esperanza

El Cuerpo material

El mundo visible

Las fuerzas físicas

La Materia

Resumiendo ahora la involución de los tres grandes principios:

de DIOS EL PADRE emanaron sucesivamente:

ADAN   LA VOLUNTAD
LA NATURALEZA   EL PODER
  NATURANTE   EL FLUIDO UNIVERSAL
después sus formas   CREADOR

Adam realizado en el Padre a producido la Realización y la Luz Astral, mientras que la Voluntad se realizaba en la Necesidad, el Poder en la Potencia Mágica y el Flúido Universal creador en la Fuerza en Potencia de Manifestación.

La Naturaleza Naturante realizada en el principio Transformador Universal a producido la Muerte y la Fuerza Plástica Universal con sus formas: la Destrucción, la Caída Adámica y el Mundo visible. He aquí los principios emanados del Padre y que lo representan:

Resumámoslos en un cuadro.

Los otros dos cuadros, construídos siguiendo el mismo plan, dan la emanación de los otros dos principios del primer ternario.

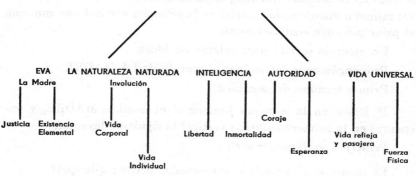

DIOS EL HIJO

| EVA La Madre | LA NATURALEZA NATURADA Involución | INTELIGENCIA | AUTORIDAD | VIDA UNIVERSAL |

Justicia Existencia Elemental   Vida Corporal   Libertad Inmortalidad Coraje   Vida refleja y pasajera

Vida Individual   Esperanza   Fuerza Física

——DIOS EL ESPIRITU SANTO——

| ADAN - EVA La Humanidad El Amor | EL COSMOS Destino | BELLEZA | AMOR | ATRACCION UNIVERSAL |

Prudencia Fluido Astral (Aour)   El Destino Nahash   Caridad Caos   Esperanza Cuerpo Material   Fuerza equilibrada La materia

Hemos consignado en la introducción al estudio del simbolismo un cuadro cifrado que permitía determinar de inmediato el sentido de una lámina cualquiera del tarot.

Apliquemos ahora cuanto hemos señalado respecto al simbolismo de cada una de las láminas y construiremos de esta manera *el resumen general del simbolismo de los arcanos mayores*.

El cuadro así formado nos dará el sentido de todos nuestros principios, cualquiera que éste sea, he aquí cómo:

USO DEL CUADRO

1º Buscad en la columna horizontal, a la izquierda del principio considerado, el sentido que se halla anotado.

2º Conocido que sea este sentido, volved a vuestro principio y buscad en la columna vertical, debajo, el gran principio (Dios, Hombre o Universo) allí indicado.

3º Combinad el sentido obtenido anteriormente con el nombre situado en la columna vertical, añadiendo a continuación la palabra (el mismo o manifestado) escrito en la columna vertical que contiene el principio cuyo sentido buscáis.

Un ejemplo servirá para aclarar las ideas.

Propongámonos determinar el sentido de LA MADRE:

Primer término del arcano 8.

1º Busco en la columna horizontal el nombre MADRE, y encuentro en la primera columna vertical la siguiente leyenda:

Principio conservador activo

La madre es el principio conservador activo; ¿de qué?

2º Para saberlo, busco en la columna vertical en la que se halla escrito el nombre MADRE, y al final de la columna hallo la inscripción Hombre o Humanidad.

La Madre es el Principio conservador de la Humanidad

3º Añado entonces al nombre humanidad el que se halla situado en la pequeña columna vertical que contiene la palabra MADRE; leo: *El mismo,* tratándose del Hombre, o *ella misma* si nos referimos a la Humanidad. Diremos entonces:

La Madre es el principio conservador activo del Hombre (él. mismo) *o de la Humanidad* (ella misma).

Este ejemplo explica claramente el uso del cuadro en cuestión.

RESUMEM DEL SIMBOLISMO DE LOS ARCANOS MAYORES

Principio creador Activo (iod)	Dios el Padre	Voluntad	El Padre	Necesidad	Principio Universal transformador.	La Destrucción	Los Elementos
Principio creador Pasivo (he)	Adán 1	Poder 4	Realización 7	Potencia mágica 10	La Muerte 13	La Caída adánica. 16	La Nutrición 19
Principio creador Equilibrante (vau)	La Naturaleza naturante.	Fluído Universal creador.	Luz astral	La Fuerza en Potencia de manifestación.	La Fuerza plástica universal.	El Mundo visible.	El Reino mineral
Principio conservador Activo (he) (iod)	Dios el Hijo	Inteligencia	La Madre	La Libertad	La Involución	La Inmortalidad	El auto movimiento.
Principio conservador Pasivo (he)	Eva 2	Autoridad 5	Justicia 8	El Coraje (OSAR) 11	La Vida 14	La Esperanza 17	La Respiración 20
Principio conservador Equilibrante (vau)	La Naturaleza naturada.	La Vida Universal.	Existencia elemental.	La Vida refleja y pasajera.	La Vida individual.	La Fuerza física	El Reino vegetal
Principio realizador Activo (vau) (iod)	Espíritu Santo	Belleza	Amor	Caridad	El Destino	El Caos	El Movimiento de duración relativo.
Principio realizador Pasivo (he)	Adán-Eva, La Humanidad. 3	Amor 6	Prudencia CALLAR 9	Esperanza (SABER) 12	Lo Destinado 15	El Cuerpo material. 18	La Inervación 0
Principio realizador Equilibrante (vau)	El Cosmos.	Atracción Universal.	Fluído Astral (AOUR)	Fuerza Equilibrante.	Nahash, Luz astral en circulación.	La Materia	El Reino animal
	El mismo (iod) + D I O S	Manifestado —	El mismo (he) + EL HOMBRE LA HUMANIDAD	Manifestado —	El mismo (vau) + EL UNIVERSO	Manifestado —	Regreso a la unidad. (he)

CUADRO QUE INDICA EN CIFRAS LAS REVOLUCIONES
DE IOD HE VAU HE (ARCANO POSITIVO)
(iod — 1, he — 2, vau — 3, he — 4)

CLAVE DEL CUADRO ANTERIOR

	1		2		3		4	
	1		2		3		4	
	2	de 1	3	de 1	4	de 1	1	de 1
	3	en 1	4	en 2	1	en 3	2	en 4
	4		1		2		3	
I 1		VII		XIII		XIX		
	1		2		3		4	
	2	de 2	3	de 2	4	de 2	1	de 2
	3	en 1	4	en 2	1	en 3	2	en 4
	4		1		2		3	
II 2		VIII		XIV		XX		
	1		2		3		4	
	2	de 3	3	de 3	4	de 3	1	de 3
	3	en 1	4	en 2	1	en 3	2	en 4
	4		1		2		3	
III 3		IX		XV		XXI		
	1		2		3		4	
	2	de 4	3	de 4	4	de 4	1	de 4
	3	en 1	4	en 2	1	en 3	2	en 4
	4		1		2		3	
IV 4		X		XVI		XXII		

TERCERA PARTE

APLICACIONES DEL TAROT

Al teósofo AMARAVELLA.

CAPITULO XV

El principio y la forma. — La vigésimaprimera lámina del Tarot es una figura principal. — El Tarot. — El año. — El día. — La Vida humana. — El Tarot filosófico: Relaciones entre el Tarot y el Archeómetro de Saint-Yves D'Alveydre.

CLAVE GENERAL DE LAS APLICACIONES DEL TAROT

Hemos visto que la vigésimaprimera lámina del Tarot daba la clave de toda la construcción del Tarot. No para aquí, sin embargo, la utilidad de este arcano; veremos, en efecto, que constituye la clave de todas las aplicaciones del Tarot.

Creemos oportuno añadir algunas explicaciones para mostrar como una figura simbólica puede aplicarse, sin sufrir la más mínima alteración, a concepciones de orden muy diferente. Tomemos un ejemplo muy simple, elegido entre los que nos ofrece la ciencia experimental, y apliquemos a su estudio el método analógico. Sea el de representar el fenómeno, bien conocido, de la descomposición de la luz blanca mediante el prisma.

En el centro dibujamos el prisma, representado por una figura triangular; a un lado de este prisma llega la luz blanca, figurada por un haz paralelo; del otro surgen los colores, figurados por la refracción de los haces más o menos oblicuos.

Las palabras Prisma, Luz blanca y Colores, resumen todas las faces del fenómeno.

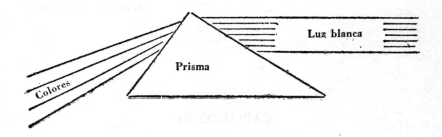

Si ahora reflexionamos que, después de todo, no se trata aquí más que de una fuerza general (luz blanca) que sufre diversos cambios, en proporción a la cantidad de materia sobre la cual obra (espesor del prisma), arribaremos fácilmente a una nueva concepción de la figura.

En efecto, los trabajos de Luis Lucas, inconscientemente utilizados por los sabios contemporáneos, demuestran acabadamente la unidad de las fuerzas operantes en la naturaleza. Las fuerzas físicas llamadas calor, luz o electricidad, no son otra cosa que la manifestación de esta fuerza única modificada en proporción a las cantidades de materia con la cual entra en contacto.

Así la luz blanca, en contacto directo con una espesa base del prisma, emerge violeta, así también, la fuerza única, en contacto con suficiente materia, emerge calor, y si la cantidad de materia es menor emerge como luz o electricidad.

Podemos representar este nuevo fenómeno sin alterar en lo más mínimo la figura anterior; lo único que cambiarán serán los nombres:

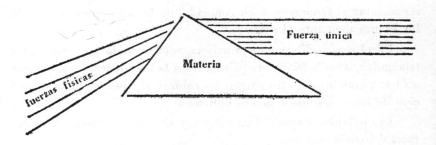

Así las diferentes cantidades de materia están representadas por los diferentes espesores del prisma, la fuerza única (correspondiente a la luz blanca) por el haz paralelo, y las diversas fuerzas físicas (correspondientes a los diversos colores) por el haz refractado.

Si ahora se nos objeta que ambos ejemplos pertenecen al dominio de la física y que ésto no es suficiente para generalizar un fenómeno, responderemos con este último punto de vista obtenido de la fisiología. La fisiología nos enseña que todos los órganos obran por la influencia de la sangre. La sangre obrando sobre las glándulas salivales producirá la saliva, obrando sobre las glándulas del estómago producirá el jugo gástrico, obrando sobre el hígado producirá, en determinados casos, la bilis, etc., etc. Resumiendo, el fenómeno fisiológico se reduce a un agente único (la sangre) obrando sobre los distintos órganos (glándulas salivares, estómago, hígado) del que resultan otros fenómenos (saliva, jugo gástrico, bilis). Ahora bien, ¿no podríamos representar exactamente a los diferentes órganos por los diversos espesores del prisma? ¿Y las diferentes transformaciones de la fuerza única por los rayos refractados, y la fuerza única por el haz paralelo?

La correspondencia es absoluta y nuestra figura puede aplicarse una vez más con perfecta justeza:

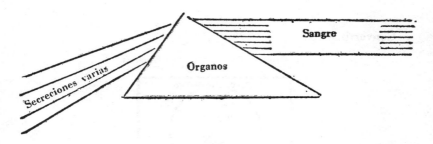

La figura no cambia; solamente la situación de las palabras dentro del esquema es lo que ha cambiado. Tal es la base entera de la ciencia oculta y del método analógico: un principio fijo e invariable (ejemplo, la figura) sobre el cual se aplican sucesivamente diferente orden de fenómenos.

La lámina 22 del Tarot es una *figura principio* semejante a la del prisma que hemos estudiado y algunos ejemplos sobre sus aplicaciones confirmará lo que dejamos expuesto. Esta lámina representa, como ya dijimos, los cuatro animales de los Evangelistas, situados en los cuatro ángulos de la lámina. En el centro está dibujada una mujer, imagen de la Humanidad, y, entre ambos símbolos, una corona de forma elíptica. Esto nos indica que en todas las aplicaciones de esta lámina existen cuatro principios fijos (dado que los cuatro símbolos colocados en los ángulos no pueden girar), además de un cierto número de principios móviles figurados por la rueda, *rota,* que ocupa el centro de los símbolos.

Esta figura no debe cambiar jamás, puesto que es una *figura principio,* solamente deben variar los nombres que se les aplique.

Ya hemos visto los cuatro símbolos siguientes:

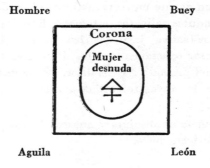

Convertirse en:

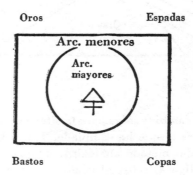

Como vemos ningún símbolo ha cambiado, solamente han variado los nombres. Ocurre lo mismo en todas las aplicaciones del Tarot.

Así, si hablamos de astronomía, las cuatro figuras representarán las cuatro estaciones: la corona será el zodíaco y la mujer desnuda (Eva) el sistema animador de aquél (los planetas); tendremos entonces:

Invierno   Otoño

Primavera   Verano

Lo que nos enseñará la marcha del sol para dar nacimiento al año. ¿Queremos ahora conocer la marcha de la luna para dar nacimiento al mes? Las cuatro estaciones quedarán sustituídas por las cuatro fases lunares, el zodíaco será las 28 casas de la luna y el centro, el sol animador de la luna, así:

Iuna nueva   Luna llena

Primer cuarto   Ultimo cuarto

¿Queremos saber el horóscopo para la marcha de *un sólo* día? Nos la dará la figura siguiente:

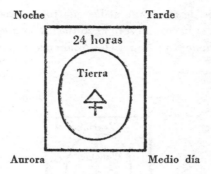

Noche   Tarde

24 horas

Tierra

Aurora   Medio día

Es *la tierra* la que juega el rol cuyo agente era antes la luna en el mes y el sol en el año.

Estos datos astronómicos nos resultan aburridos, estudiemos entonces el círculo de la *Vida humana* y la figura tomará este nuevo aspecto:

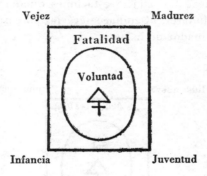

Vejez   Madurez

Fatalidad

Voluntad

Infancia   Juventud

Símbolo profundo que nos indica que la Voluntad Humana es la causa de la Fatalidad dentro de la cual se mueve el hombre bajo la influencia del ciclo *providencial* de las cuatro edades de la vida humana. Si sabemos que la Providencia (círculo exterior) obra sobre lo *porvenir*, la Fatalidad (círculo medio), sobre lo *Pasado* y la Voluntad Humana (círculo interior) sobre el *Presente*, tendremos la base del *Tarot adivinatorio*.

Pensamos que estos ejemplos son lo suficientemente claros como para evitarnos otros nuevos. Estudiaremos ahora algunas aplicaciones del Tarot, dejando en libertad al lector para imaginar otras aplicaciones de igual interés.

EL TAROT FILOSOFICO

RELACIONES ENTRE EL TAROT Y EL ARQUEOMETRO DE SAINT YVES

Hasta la fecha ningún autor ha dado la clave de las adaptaciones filosóficas del Tarot. Imitando nuestros predecesores guardaremos esta clave para la enseñanza oral; mas después de haberlo pensado mejor hemos decidido facilitar a los lectores los elementos necesarios para el manejo del Tarot. Nos está prohibido facilitar otra cosa que algunos elementos. Es más, nosotros que amamos la claridad por encima de todas las cosas, nos veremos obligados a dejar en la oscuridad algunos puntos esenciales.

Que los perezosos nos perdonen, pues para alcanzar la almendra se verán obligados a cascar la dura caparazón que la envuelve. Por lo que se refiere a los laboriosos que no pierdan las esperanzas: tienen marcado su camino, a ellos el trabajo de seguirlo con inteligencia.

El idioma de los Misterios, del cual el hebreo es una reproducción, no conoce otro verbo que éste: Ser-Siendo. Es el único verbo que permite leer los aforismos del Tarot; la clave está en colocarlo donde corresponde.

Además, habrá que dar la adaptación filosófica de los 22 arcanos mayores para comprender exactamente las enseñanzas del libro de Thot.

ADAPTACION FILOSOFICA DE LOS 22 ARCANOS MAYORES

1. El Principio La Esencia	El Hombre	Naturaleza naturante
2. La Substancia	La Mujer	La Naturaleza naturada
3. La Ciencia	La Humanidad	El Cosmos
4. Voluntad	Poder	Flúido creador
5. Inteligencia	Autoridad	Vida Universal
6. Belleza	Amor	Atracción natural
7. El Padre	Realización Victoria	Luz astral
8. La Madre	Justicia	Existencia elemental
9. Amor divino	Prudencia (callar)	Flúido astral
10. El Orden	Fortuna (Destino) Potencia mágica	La Fuerza en potencia de manifestación
11. La Libertad	El Coraje (osar)	La vida refleja y pasajera
12. La Prueba	El Sacrificio consciente	La Fuerza equilibrante La Fuerza plástica universal
13. El Principio Transformador	La Muerte	
14. Involución	Temperancia	Vida individual
15. El Destino El Tiempo	La Fatalidad La Fuerza mágica	La encarnación material y su agente
16. Destrucción Caos	Catástrofe	Desequilibrio materialización
17. La Inmortalidad	Esperanza	Las fuerzas físicas
18. Los Adversarios invisibles	El Cuerpo material	Las Fuerzas ocultas
19. La verdadera luz	La Verdad fecunda	El Reino Mineral El Oro filosófico
20. Renacimiento moral	Cambio	El Reino Vegetal La Vida Vegetativa
21. Ruptura de las comunicaciones.	Ceguera moral	La Materia viva
22. El Absoluto	El Triunfo (adquirido por la sabiduría)	El Universo equilibrado (Relaciones astronómicas)

Para leer las relaciones del Tarot aconsejamos proceder de la manera siguiente:

1º Juntar dos láminas y leer el sentido indicado sin añadir ni verbo, ni pronombre, ni nombre.

2º Buscar a continuación la lámina que ha de completar el ternario.

3⁹ Leer el sentido revelado añadiendo el verbo. Ejemplo:

Lámina 3ª: Ciencia   Lámina 6ª: Belleza

La suma de estas dos láminas nos da $(3 + 6 = 9)$; por lo tanto:

3   6   9
Ciencia   Belleza   Amor divino

Añadiendo la conjunción entre 3 y y 6 y el verbo entre 6 y 9, obtendremos el aforismo: *La Ciencia de la Belleza es el Amor Divino.*

La situación del verbo es el secreto del manejo del tarot. Desplazando el verbo y la conjunción obtenemos un nuevo aforismo: La Ciencia es la Belleza del amor divino.

*
*   *

Mas en el manejo de estas relaciones tan sólo debe intervenir el lector. El cuadro de las adaptaciones naturales del tarot encierra diversos sentidos que deben ser reformados o reconstituídos, pero dado que ello se relaciona con la clave de la gran obra, no podemos ofrecer sino las vagas indicaciones consignadas en este cuadro.

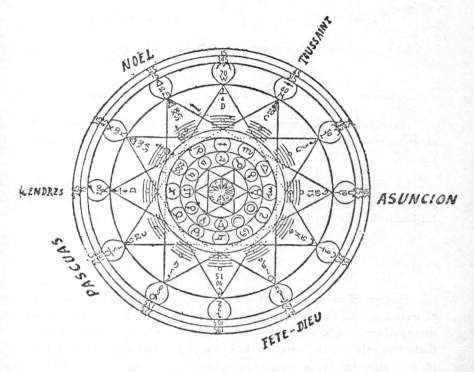

Ejemplo de algunos aforismos filosóficos para ser estudiados y transformados por nuestros lectores.

ARCANOS MAYORES DE TRES EN TRES

7	10	13
La Victoria	de la	es la
	Potencia mágica	Muerte

La clave de este aforismo reside en reemplazar el arcano 13 por el 8, $(10 + 7) = 17 = 8$.

ARCANOS DE CUATRO EN CUATRO

3	7	11
La Ciencia	es el	de la Libertad
	Principio creador	

ARCANOS DE SIETE EN SIETE

1	8	15
El Hombre	es la Justicia	del Destino

ARCANOS DE DIEZ EN DIEZ

2	12	22
La mujer	es la Potencia mágica	del Absoluto realizado

RELACIONES DIVERSAS

13	es el	20	de lo	10
La Muerte		cambio		Destinado
13	es la	4	del	10
La Muerte		voluntad		destino

DEFINICIONES POR CUATRO

3	es la	2	del	20	de las	11
La Naturaleza		Subtancia		Cambio		Fuerzas

ESTUDIO DE UN NUMERO MEDIANTE EL TAROT

$4 =$ La Voluntad

$1 + 2 + 3 + 4 = 10$	La Fortuna	La Rueda cíclica	
El Principio	Substancia	Ciencia	Voluntad
1	2	3	4
El Hombre	La Mujer	Humanidad	Poder
Naturaleza	Naturaleza	Cosmos	Flúido
naturante	naturada		creador

$$78 = 15 = 6$$

Principio	Substancia	Ciencia	Voluntad	Inteligencia	Belleza
1	2	3	4	5	6

$$12 = 3$$

Principio	Substancia	Ciencia
Hombre	Mujer	Humanidad

1

$12 = 78$

2
3
4
5
6
7
8
9
10
11
12
—
78

CARTAS TOMADAS AL AZAR

1		7		4
El principio creador activo	es el	Padre	de la	Voluntad
1		7		4
El Hombre	es la	Realización	del	Poder
1		7		4
La naturaleza naturante	es la	luz astral	del	Flúido creador

DEFINICIONES DE A TRES CARTAS

1   7   4
El Principio es la Victoria de la Voluntad

1   4   7
El principio es la Voluntad de la Victoria

4   1   7
La Voluntad es el Principio de la Victoria

4   7   1
La Voluntad es la Victoria del Principio

7   4   1
La Victoria es la Voluntad del Principio

7   1   4
La victoria es el Principio de la Voluntad

$12/6 = 3$

12   3   6
El Sacrificio es la Acción del Amor

LOS NOMBRES PROPIOS

Para los nombres se toma en consideración nada más que las láminas.

J	E	A	N
10	5	1	14

El Destino del Amor es la Esencia de la Temperanza

M	A	R	I

El Sacrificio es la Esencia del Cambio del Destino

Cartas en los 3 mundos por 7

1   8   15
El Hombre es la Justicia del Destino

15   8   1
El Destino es la Justicia del Hombre

por 3

7	10	13

La Victoria es la Potencia mágica de la Muerte

13	10	7

La Muerte es el Poder Mágico de la Victoria

3	7	11

La Ciencia es el Padre de la Libertad
(Principio creador)

12	16	20

La Prueba es el Caos del Renacimiento moral

por 10

2	12	22

La Mujer es la Potencia Mágica del Absoluto realizado

1	11	21

El Hombre es el Coraje del Instinto

TAROT ASTRONOMICO

20 Saturno	es la	13 Madre	de	6 Taurus
2 La Luna	es el	9 Leo	de	16 Capricornio

El Arqueómetro de Saint Yves de Alveydre da la clave de la adaptación de los arcanos mayores. Se hallarán todas las explicaciones útiles en el magnífico volumen sobre el Arqueómetro. Diremos solamente que este instrumento de elevada ciencia encierra:

1º Los tres arcanos mayores 1, 15 y 22 (A-S-Th) o también (A-Z-Th) constituyen el centro de los tres círculos de construcción.

2º Los Siete arcanos planetarios.

3º Los doce arcanos zodiacales.

Es la clave de Tebas, de Alpha — Be — Th, de las 22 derivadas del antiguo alfabeto jeroglífico de los Egipcios, trasmitido por los Fenicios a la intelectualidad occidental.

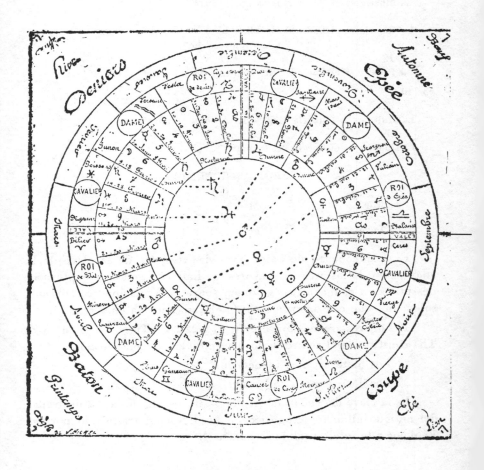

Tarot astronómico y astrológico

por PAPUS

Clave de los trabajos astrológicos de Christian

y

Adaptación del Arqueómetro de St. Yves

CAPITUTLO XVI

EL TAROT ASTRONOMICO

Astronomía egipcia — Las cuatro estaciones — los doce meses — Los treinta y seis decanatos — Los Planetas — Relaciones absolutas con el Tarot — El juego de taros (sus orígenes, sus alegorías) — Figura conteniendo las aplicaciones del Tarot a la Astronomía — Clave de los trabajos astrológicos de Christian — Adaptación del Arqueómetro de Saint Yves de Alveydre — El Tarot astronómico de Court de Gebelin.

EL TAROT ASTRONOMICO

Con el fin de mostrar la exactitud de los principios en que descansa la construcción del Tarot, tomaremos como ejemplo de su primera aplicación la propia constitución del Universo, según las enseñanzas de la Astronomía.

Sabemos que los egipcios dividían el año en cuatro estaciones, de tres meses cada una. Cada mes se hallaba compuesto por tres decanatos o períodos de diez días, lo que da 360 días para el año. Para completarlo añadían un período de 5 días o (Epacta) situado después de los 30º de Leo (agosto). Debemos hallar pues en nuestro Tarot:

1º Las cuatro estaciones;

2º Los doce meses, mejor dicho, los doce signos del zodíaco;

3º Los 36 decanatos.

Además cada mes, o también, cada signo está regido por un planeta como asimismo por cada decanato.

1º *Las Cuatro Estaciones.*

Las cuatro figuras del Tarot corresponden perfectamente a las cuatro estaciones. Así, considerando a la lámina 21 como el origen de todas sus aplicaciones, observaremos que las cuatro figuras de las esquinas representan los cuatro colores del Tarot, y, en nuestro caso, las cuatro estaciones del año.

La parte elíptica situada entre las figuras y el centro corresponde al zodíaco con sus divisiones respectivas. Por último, el centro mismo corresponde a los planetas que influencian todo el sistema.

Estación   Estación

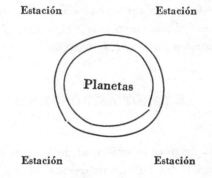

Estación   Estación

2º LOS DOCE SIGNOS DEL ZODIACO

Cada color representa una estación, cada estación se compone de tres meses, en consecuencia ¿cómo se hallarán representados los meses en los colores? ... Los meses estarán representados por las *figuras* y las correspondencias se establecen del modo siguiente:

REY	1º mes o mes *activo* de la estación. *Mes creador, Iod.*
DAMA	2º mes o *mes pasivo* de la estación. *Mes conservador, He*
CABALLO	3º mes o *mes realizador*, equilibrante de la estación, *Vau.*
VALET	Transición del tercer decanato de la serie actual al primer decanato de la serie siguiente.

Hallamos entonces 12 figuras correspondientes a los 12 signos del zodíaco, a saber:

BASTOS	Rey de bastos Dama Caballero	Aries Taurus Géminis	PRIMAVERA
	Valet	*Transición*	*Epacta*
COPAS	Rey Dama Caballero	Cáncer Leos Virgo	VERANO
	Valet	*Transición*	*Epacta*
ESPADAS	Rey Dama Caballero	Libra Scorpius Sagitario	OTOÑO
	Valet	*Transición*	*Epacta*
OROS	Rey Dama Caballero	Capricornio Acuario Piscis	INVIERNO
	Valet	*Transición*	*Epacta*

3º LOS 36 DECANATOS

Cada estación se divide en tres meses; pero cada mes se divide en tres decanatos o períodos de 10 días. Para determinar cuáles son las láminas del Tarot que corresponden a estas nuevas divisiones, bastará con que recordemos las relaciones que existen entre las figuras y los números de los arcanos menores. Si elegimos, por ejemplo, el Rey, sabremos que esta figura gobierna las láminas: As, 2 y 3, además del primer ternario. Tendremos entonces las relaciones siguientes: Rey de bastos, signo zodiacal Aries.

AS	1º Decanato o *decanato activo* del mes. *Decanato creador, Iod.*
DOS	2º Decanato o *decanato pasivo* del mes. *Decanato formador, conservador. He.*
TRES	3º Decanato o *decanato equilibrante. Vau.*
CUATRO	Transición del tercer decanato de la serie actual al primer decanato de la serie siguiente.

He aquí como se hallan representados los 36 decanatos.

Rey	As de Bastos 2 „ „ 3 „ „	1º Decanato 2º „ 3º „	de Aries
Dama	4 „ „ 5 „ „ 5 „ „	1º „ 2º „ 3º „	de Tauro
Caballero	7 „ „ 8 „ „ 9 „ „	1º „ 2º „ 3º „	de Géminis
Valet	10 Transición	Epacta	
Rey	As de copas 2 „ „ 3 ·, „	1º Decanato 2º „ 3º „	de Cáncer
Dama	4 „ „ 5 „ „ 6 „ „	1º „ 2º „ 3º „	de Leo
Caballero	7 „ „ 8 „ „ 9 „ „	1º „ 2º „ 3º „	de Virgo
Valet	10 Transición	Epacta	
Rey	As de espadas 2 „ „ 3 „ „	1º Decanato 2º „ 3º „	de Libra
Dama	4 „ „ 5 „ „ 6 „ „	1º „ 2º „ 3º „	de Scorpio
Caballero	7 „ „ 8 „ „ 9 „ „	1º „ 2º „ 3º „	de Sagitario
Valet	10 Transición	Epacta	
Rey	As de Oros 2 „ „ 3 „ „	1º Decanato 2º „ 3º „	de Capricornio
Dama	4 „ „ 5 „ „ 6 „ „	1º „ 2º „ 3º „	de Aquario
Caballero	7 „ „ 8 „ „ 9 „ 9	1º „ 2º „ 3º „	de Piscis.
Valet	10 Transición	Epacta	

(Relaciones de los 12 signos con los órganos del cuerpo)

Supuesto que cada decanato gobierna 10° del zodíaco y representa una cierta fracción del mes, cada uno de los arcanos menores —representando a su vez un decanato— gobernará una cierta fracción del año:

As de Bastos   21 a 30 de marzo.
3 ,,   ,,   31 de marzo a 9 de abril.
2 ,,   ,,   10 a 19 de abril, etc.

Para conocer los días que corresponden a cada decanato se consultará la tabla dispuesta al comienzo de este capítulo. Esta es la base del Tarot Astrológico que permite disponer las láminas para el horóscopo: mas como esta particular aplicación nos apartaría del aspecto puramente científico que nos hemos propuesto seguir, no insistiremos sobre el particular.

Resumiendo: el Tarot astronómico está representado por los arcanos menores los cuales determinan el campo en que actuarán los planetas que nos falta por considerar.

DE LOS PLANETAS

En esta exposición del Tarot, los arcanos mayores se hallan representados por el septenario planetario, el cual obra sobre los tres mundos ($3 \times 7 = 21$).

Cada signo zodiacal y cada decanato se hallan gobernados por un planeta. Las relaciones de los planetas con los signos se hallan indicados en el cuadro de la página anterior. Este cuadro permite descifrar los trabajos de Cristián (Historia de la Magia) y los de Ely Star (Los Misterios del Horóscopo) sobre la astrología. También indican las correspondencias astronómicas del Tarot. Veamos su construcción:

Las cuatro figuras del arcano 21 representan las cuatro estaciones del año y los cuatro colores del Tarot. El centro de la lámina corresponde a los siete planetas. Entre ambos se desenvuelve la elipse del zodíaco, clave de las influencias de los arcanos mayores (planetas) sobre los arcanos menores (decanatos). Como vemos, este cuadro es no solamente un sistema de interpretación del Tarot, sino también una verdadera clave del mismo.

Para demostrar la correspondencia entre nuestras propias deducciones y las dadas por los Bohemios ,transcribimos a continuación un extracto publicado por Vaillant (Historia de los Bohemios).

La carta 21, intitulada el Mundo o el Tiempo es, en efecto, el tiempo del santuario y el santuario del tiempo. Representa una corona de flores dispuesta en óvalo y dividida en cuatro partes mediante igual número de flores de loto, sostenida por las cuatro cabezas simbólicas que San Juan copió de Ezequiel y éste de los querubines y serafines de Asiria y Egipto. La cabeza del Aguila es el símbolo del oriente, de la mañana, del equinocio de primavera, etc.; la del León, el símbolo del mediodía y del solsticio de verano; la del Buey, el símbolo de la noche, del occidente y del equinocio de otoño; por último, la del Hombre es el símbolo de la noche, del septentrión y del solsticio de invierno.

En el medio de esta corona, que representa el huevo del mundo y también el mar, el océano, el arca, etc., etc., se halla una mujer desnuda, esta mujer es la Eva de las escrituras. Tiene un pie levantado, símbolo del tiempo que pasa. En su mano aprisiona dos bastones, que simbolizan: la balanza, el equilibrio del tiempo, la justicia de los hombres, la equivalencia de los días y de las noches, la igualdad del hombre y de la mujer, etc.

Esta EVA es la Gran Madre (Ava o Ebe) que vierte a los astros (los dioses-hombres del cielo) y a los hombres (los astros-dioses de la tierra) el néctar y la ambrosía de la inmortalidad, la sombra y la justicia". Y, en efecto, el nombre de KUDAS dado por los Cretenses a EBE, es la justicia (Saduk) que se traduce en MELCHI (sedek) "como el espíritu del señor" y de este "espíritu (Eon) del sol": la justicia del tiempo, de los astros y de la vida humana. En fin. NOE luz de la eternidad (Aon).

Desde muy antiguo se ha utilizado este símbolo para personificar a la naturaleza y también para expresar la síntesis de los segmentos del círculo y la alianza de los arcos de la esfera, origen del arco de la alianza de los Hebreos. Ha servido igualmente para simbolizar la transformación de una antigua moneda Cretense, que había tomado esta "arca" (alianza de los arcos del cielo) como el "principio de la

que representa el espíritu (Eon) de la eternidad (Aon) de los siglos (Aion) fué el praeco-justiciae, revelador de la justicia.

El Tarot es una interpretación del libro sideral de Enoc, que es Henochia; está construído sobre el modelo de la rueda astral de ATHOR, que es AS-TAROTH, semejante al OT-TARA indú, osa polar o ARC-TURA del septentrión; es la fuerza mayor (tarie) sobre la que se apoya la solidez (ferrale) del mundo y el firmamento sideral de la tierra; en consecuencia, así como la osa polar llegó a ser el carro del sol, el carruaje de David y de ARTHUR, es también, la hora (tuche) de los griegos, el destino (tiko) de los chinos, el azar (tiki) de los egipcios, la suerte (tika) de los Romes; y que girando incesantemente alrededor de la osa polar, los astros desarrollan sobre la tierra el fasto y lo nefasto, la luz y la sombra, el calor y el frío de lo cual deriva el bien y el mal, el amor y el odio, que hacen la felicidad (ev-tuche) y la desgracia (dis-tuchie) de los humanos.

En efecto, SEPHORA es un armónico de esa tríada (s. f. r.) cuya unidad, la esfera (Spheri) del mundo ,se traduce mediante la luz (Sapher), la cifra (Sipher) y la palabra (Sephora) de los Hebreos. Por esto se dice de esta esfera,

CUYA LUZ ES LA VERDAD,

el zodíaco el libro que la encierra, y las estrellas los guarismos y letras que la nombran; se dice, repetimos, que los ANAKS han obtenido su TARA, los Bohemios su TAROT, los Fenicios su AS-THAROT, los Egipcios su ATHOR y los Hebreos su THORAH.

DEL JUEGO DEL TAROT

Donde se trata de su origen, se explican sus alegorías y se demuestra que constituyen la fuente de nuestros actuales juegos de naipes, etc.

(por COURT DE GÉBELIN.)

SORPRESA QUE CAUSARIA EL HALLAZGO DE UN LIBRO EGIPCIO

Si se nos dijera que existe en nuestros días una obra del antiguo Egipto, un libro que se salvó del incendio que redujo a cenizas sus magníficas bibliotecas y en el que se trata de las más puras doctrinas, referentes a ciertos asuntos muy importantes, es seguro que una gran mayoría se apresuraría en conocer un libro tan extraordinario y precioso. Si a esto añadimos que el tal libro se ha divulgado en una gran parte de Europa y que desde hace siglos está al alcance de todo el mundo, la sorpresa sería todavía mayor; pero llegaría a su colmo si afirmáramos que jamás se sospechó de su origen Egipcio, que le tenemos muchas veces entre las manos sin saberlo, que nadie se ha preocupado en descifrar una sola de sus hojas, y que el fruto de tan elevada sabiduría es considerado como un conjunto de figuras extravagantes sin mérito alguno. ¿No se diría que deseamos divertirnos a costa de nuestros lectores?

PUES BIEN, ESE LIBRO EXISTE

Lo repetimos, ese libro egipcio, único vestigio de sus soberbias bibliotecas, existe; y es tan común que ningún sabio se ha dignado ocuparse de él. Antes de nosotros nadie sospechó su ilustre origen. Este libro está compuesto por 77 páginas y también por 78, dividido en cinco clases, cada una de las cuales ofrece aspectos tan variados cuanto instructivos y entretenidos. Digámoslo de una vez: este libro es el TAROT. Juego desconocido en París, es verdad, pero en cambio muy conocido en Italia, Alemania y hasta en la Provenza, y, tan original por el aspecto de las figuras, como por la variedad y multiplicidad de las mismas.

A pesar de su extraordinaria difusión, nada se sabía de sus extrañas figuras, y su origen, que se pierde en la noche de los tiempos, es tal que se ignoraba cuando y en que lugar se lo había inventado ni los motivos en virtud de los cuales se habían reunido un conjunto de figuras tan extrañas, y al parecer sin hilación, de tal modo que ninguna persona había logrado resolver el enigma que encerraba.

Por otra parte este juego ha llamado tan poco la atención, que ningún sabio se ha dignado mencionarlo en los estudios que se han realizado sobre las cartas. Tan sólo nos han citado las cartas francesas, usadas en París, y cuyo origen es relativamente moderno —con lo que se han dado por satisfecho—. Generalmente se confunde el origen de un conocimiento con el país que nos lo reveló por vez primera. Es precisamente lo que hicimos notar al hablar de la brújula: los Griegos y los Romanos nos han transmitido por igual las características de este instrumento, motivo que confunde la pureza de su origen.

Mas la forma, la disposición y el arreglo de este juego —como así también el aspecto simbólico de sus figuras— se corresponden de tal manera con las doctrinas civiles, filosóficas y religiosas de los antiguos Egipcios, que no podemos evitar de reconocerlo como la obra maestra de ese pueblo de sabios. Unicamente ellos pudieron ser los autores de ese juego, digno rival del juego de ajedrez, inventado por los indúes.

DIVISION

Mostraremos las alegorías contenidas en las cartas de este juego, las fórmulas numéricas que lo componen, de que modo ha llegado hasta nosotros, sus relaciones con un monumento Chino, como dieron origen a las cartas Españolas y las relaciones de éstas últimas con las Francesas.

Daremos también, a continuación de este ensayo, sus aplicaciones a las artes adivinatorias —lo que debemos a las gentiles indicaciones de un Oficial, Gobernador de la Provenza— el cual ha descubierto en este juego —con una sagacidad que le honra— los principios aplicados por los Egipcios en el arte de la adivinación. Estos principios son los que distinguieron las primitivas bandas de este pueblo, impropiamente llamado Bohemio, que se diseminaron por toda Europa y cuyos vestigios se hallan en nuestros actuales juegos de cartas, si bien muy pobre en figuras y, en consecuencia, bastante aburrido.

En cambio, el juego Egipcio brilla por lo apasionante de sus láminas que abarcan todo el universo y las etapas múltiples de la vida humana de ese pueblo único y sabio, que trasuntaba en cada una de sus obras el sello de la inmortalidad y en el cual, todos los pueblos del mundo, se han inspirado.

ARTICULO I

ALEGORIAS QUE OFRECEN LAS LAMINAS DEL TAROT

Si este juego, que ha permanecido mudo para todos los que le conocen, se ha revelado a nuestros ojos, no ha sido como resultado de una profunda meditación ni del deseo de poner orden en su caos, aparente, sino simplemente por obra del azar. Invitados hace algunos años, para visitar la esposa de un amigo nuestro, que acababa de llegar de Alemania o de Suiza, la hallamos empeñada en una partida de naipes.

—Jugamos a un juego que seguramente Ud. no debe conocer...

—Es posible. ¿De cuál se trata?

—Del juego del Tarot.

—Tuve ocasión de verlo jugar cuando era muy joven, pero no tengo la más mínima idea de su contenido.

—Es una rapsodia de figuras a cual más extraña y original. Por ejemplo, observe ésta.

Se tuvo cuidado en elegir una de las más extraordinarias y sin relación aparente con el título que ostentaba: El Mundo. La miro y de inmediato reconozco la alegoría. Los jugadores interrumpen la partida y se apresuran a mostrarme quien una carta, quien otra. En un cuarto de hora el juego fué estudiado, explicado y declarado egipciano. Pronto nos convencimos que no éramos víctimas de nuestra imaginación. Nuestro conocimiento de la civilización egipcia nos aseguraba de haber hallado un libro de muy antiguo linaje, escapado quien sabe cómo de la barbarie de los invasores, de los incendios accidentales, del tiempo y de la ignorancia, mucho más desastrosa todavía.

El aspecto ligero y frívolo de este libro es, sin duda alguna, lo que lo ha preservado de la destrucción, permitiendo que llegue a nuestras manos en toda su pureza original. Como es natural, ignorantes del valor de su contenido, nadie se preocupó de mutilarlo.

Pero era ya tiempo de redescubrir el sentido alegórico de su contenido, destinado a mostrar al mundo la pujanza de la sabiduría antigua que supo crifrar en un simple juego de cartas las más altas enseñanzas de su civilización.

Como ya dijimos, el Tarot está compuesto de 77 cartas (algunas veces de 78) dividido en cuatro colores o palos. A fin de que nuestros lectores puedan seguir nuestra explicación con toda comodidad, hemos hecho grabar los triunfos y los cuatro ases, correspondientes a cada color, o palo, llamados por los españoles, Espadas, Bastos, Copas y Oros.

Los colores

En la página 194 se hallan dibujados los cuatro ases. A, representa el as de Espadas, adornado de una corona entrelazada por dos palmas; C, el as de Copas, con la apariencia de un castillo, tal como los que figuran cincelados en muchas copas antiguas; D, el As de Bastos, de apariencia pesada y rígida; B, el As de Oros, rodeado de guirnaldas.

Cada color se compone de 14 cartas: diez cartas se hallan numeradas del 1 hasta el 10 inclusive y las cuatro restantes no llevan número, y son: el Rey, la Reina, el Caballero y el Escudero o Valet.

Los colores corresponden a las cuatro clases sociales en que se hallaba dividida la nación egipcia. Las Espadas corresponden a la clase Soberana: la Nobleza; las Copas al Sacerdocio; los Bastos a la Maza de Hércules y la Agricultura; los Oros al Comercio, cuyo emblema es el dinero.

Este juego está basado en el número septenario

Siete, el número sagrado por excelencia, es la base fundamental de este juego. Cada color está compuesto de dos septenarios. Los triunfos suman en total tres septenarios. El total de cartas es igual a 78 (77 cartas numeradas y una que lleva por número el cero y a la que se conoce con el nombre de EL LOCO). Ahora bien, todo el mundo sabe que el siete era el número clave y sagrado, al cual referían los Egipcios los elementos de todas las ciencias que conocían. El fúnebre aspecto de la 13ª carta nos demuestra, mejor dicho, nos confirma el origen egipcio de la misma.

Por otra parte este juego tiene que ser necesariamente de origen Egipcio, puesto que está basado en el número 7; que corresponde a las cuatro clases en que se hallaban subdivididos sus habitantes; que el mayor de los triunfos traduce algunas características de aquel país, por ejemplo: los dos supremos Hierofantes —hombre y mujer respectivamente—, Isis, Tifón, Osiris, la Casa de Dios, el Mundo, los Canes —correspondientes a los trópicos— etc.,

Inventado por un hombre de genio, antes o después del juego de ajedrez, y reuniendo en sí lo útil a lo agradable, ha llegado hasta nosotros desde el fondo mismo de los siglos. Ultimo sobreviviente de la cultura y del saber de un magno imperio, ha servido de entretenimiento a casi todas las civilizaciones, sin que el profundo simbolismo de sus láminas haya sido jamás develado.

Tratemos de investigar por cuáles rutas misteriosas este juego admirable ha llegado hasta nosotros. En los primeros siglos de la Iglesia Cristiana, los Egipcios gozaban de gran prestigio en Roma; sus ceremonias y el culto de Isis eran muy conocidos, es por lo tanto lógico que lo fuera también el juego que nos ocupa.

Por mucho tiempo, este juego quedó circunscripto a la península itálica. Más tarde, cuando la alianza entre Italia y Alemania, fué divulgado en este último país. El pacto entre Italia y el condado de Provenza, como asimismo el asiento de la Corte de Roma en Avignon, permitió que fuera conocido también en la Provenza y en Avignon. Y si se detuvo a las puertas de París, ello fué debido a la superficialidad de las damas Francesas, que no lograron simpatizar con el aspecto algo tosco y extravagante del juego.

Sin embargo, el Egipto no ha logrado alcanzar los frutos de su ingenio. Reducido al más deplorable de los servilismos, a la más profunda ignorancia; privados de todas sus artes, sus habitantes no serían capaces de fabricar una sola carta del Tarot.

Si las cartas francesas, mucho menos complicadas, requieren el trabajo asíduo de una gran cantidad de personas y el concurso de artes muy diversas, ¿cómo habría podido ese pueblo desafortunado conservar las suyas?

Nombres orientales conservados en este juego

Los nombres conservados en este juego prueban también su origen oriental, por ejemplo: Tarot, Mat (loco) y Pagad.

1. *T A R O T*

El nombre de este juego es egipcio; se halla compuesto del vocablo TAR, que quiere decir vía, camino; y de RO, ROS, ROG, que significa REY, REAL; es pues, equivalente a *camino real de la vida*. Y, en efecto, se relaciona con la vida de los ciudadanos, puesto que representa las distintas clases en que aquellos se dividían. Además el Tarot contiene todos los acontecimientos que pueden transcurrir en la vida de cada uno de los componentes de esas clases, señalándoles los guías físicos y morales que gobiernan sus destinos: el Rey, la Reina, el Sacerdote, el Sol, la Luna, etc.

Les enseña también por medio del Jugador de Cubiletes y la Rueda de la Fortuna, que el hombre debe escudarse en la virtud para sortear las transiciones del destino.

2. M A T

Mat es la palabra oriental, sinónimo de asesinado, herido, partido, etc; en el idioma italiano quiere decir loco. Es curioso que al loco se le suele llamar *cabeza partida*.

3. P A G A D

Se llama (Pagad) al Jugador de Cubilete. Esta palabra, desconocida en las lenguas occidentales, es también de origen oriental. PAG, quiere decir Jefe, Maestro, Señor; y GAD, equivale a Fortuna. Es por esto que el Jugador de Cubilete ostenta en su mano la varita de Jacob o la verga de los Magos, que lo hacen dueño del destino.

L I B R O   D E   T H O T

El deseo de aprender se desarrolla en el corazón del hombre a medida que su espíritu atesora nuevos conocimientos; la necesidad de conservarlos y la ambición de trasmitirlos exigió la creación de un alfabeto característico. La paternidad de este alfabeto es atribuída generalmente a Thot, conocido también con el nombre de Mercurio. Las letras de este alfabeto no eran, como los nuestros, meros signos convencionales para la estructuración de las palabras sino que se trataba de un sistema de imágenes, mediante el arreglo de las cuales se exponían las ideas y conceptos más profundos.

Es lógico suponer que el creador de estas imágenes debió ser también el primer historiador conocido. En efecto, se dice que Thot *pintó a los Dioses,* esto es, que describió las obras de la Creación o Potencia Suprema, a la que añadió algunos preceptos morales. Parece ser que este libro fué llamado AS-TAROSH; de A, doctrina, ciencia y de ROSCH: Mercurio; todo lo cual y junto al artículo (T) quiere decir: cuadro de la Doctrina de Mercurio. Mas como ROSH quiere decir también Comienzo, el nombre TA-ROSH, fué consagrado especialmente a la Cosmogonía; así también como la ETHOTIA: Historia de los Tiempos, fué el título que dieron a la Astronomía. Y puede ser que ATHOTES —que se define como el Rey, hijo de Thot, no sea otra cosa que el hijo de su genio y la historia de los Reyes del Egipto [1].

---

[1] Ver también el ALTOTAS, de Cagliostro, tan bien estudiado por el doctor Marc Haven en su libro: *El Maestro desconocido.*

Esta vieja cosmogonía, ese libro de TA-ROSH, ligeramente alterado, parece haber llegado hasta nosotros al través de las cartas que hoy conocemos por el mismo nombre, ya sea que la concupicencia lo haya conservado para engañar el ocio o que la superstición lo haya preservado de las injurias del tiempo, los misteriosos símbolos que servían, como a los Magos de antaño, a engañar la credulidad de las gentes.

Los Arabes trasmitieron este libro a los juegos de los Españoles y los soldados de Carlos V lo llevaron a Alemania. Estaba compuesto de tres series superiores, representación de los tres primeros siglos: el de Oro, el de Plata y el de Bronce, estando cada uno compuesto de siete cartas.

Como la escritura egipcia se leía de izquierda a derecha, la carta 21 que ha sido numerada con cifras modernas, es precisamente la primera y debe tenerse en cuenta para la debida interpretación de la Historia; es también la primera carta del Juego de Tarot y del método de adivinación para lo cual servían estas antiguas imágenes.

En fin, hay todavía una carta, la 22, sin número ni potencia, pero que aumenta el valor de las que le preceden, es el cero de los cálculos mágicos, se la conoce con el nombre da La Locura.

1	א	A	
		A ou À	
		Ā ou Â	
10		I	
6		U	
80		W ou T	
2		B ou V	
40	מ	P	
50	נ	M	
30 - 200	ר ל	N	
5	ח	B-L	
8	ה	H	
9 ou 100	כ ou ק	H ou H'	
60	ס	X ou KH	
200	שׁ ק	S	
100 ou 20	ק	Š, S', Sᴴ	
3	ג	Q	
20	ל	C ou K	
9	ט	K	
1	ד	T	
9 ou 400	ם ou ת	D ou T	
		T, Ts, D'	

Correspondencias del alfabeto hebreo (Tarot) con el jeroglífico de Papus.

A la memoria del H ∴ BERTRAND, VEN ∴

CAPITULO XVII

EL TAROT INICIATICO

*Trabajos de Ch. Barlet sobre el particular — Involución y Evolución
— Las Horas de Apolonio de Tyana — Las fases de la iniciación
descriptas por el Tarot — Los nombres divinos en el Tarot.*

EL TAROT INICIATICO

APLICACIONES DEL TAROT A LAS DOCTRINAS TEORICAS Y PRACTICAS DE LA INICIACION

Á continuación damos *in extenso* un trabajo muy interesante de nuestro camarada Ch. Barlet. Los lectores podrán así verificar las correspondencias existentes entre sus conclusiones y las nuestras.

En la antigüedad los hombres de ciencia eran también grandes sabios, testigos: Pitágoras, Platón, Aristóteles; en cambio, en nuestros días la ciencia y la sabiduría se buscan sin lograr encontrarse, o se encierran en un conflicto mortal: la cuestión religiosa.

Lo absurdo de esta separación se trasluce al estudiar las obras de los filósofos positivistas preocupados en edificar una síntesis del saber científico moderno. Mientras el aforismo fundamental del cual parten es que el hombre no puede actuar sino en el mundo de los fenómenos, sus libros testimonian una tendencia cada vez mayor en trascender, mal que les pese, los límites que se habían impuesto; arrastrados por esa misma naturaleza que aman y conocen mejor que nadie en sus manifestaciones finales.

Podríamos compararlos a los insectos encerrados detrás de los cristales de una ventana: se desesperan, divisan claramente los rayos que deben conducirlos a la fuente de toda luz, pero no pueden escaparse de su prisión. Los Espiritualistas, en cambio, libres y como perdidos en el océano luminoso, navegan sin brújula, incapaces de hallar el rayo conductor que desespera a los positivistas.

Existe no obstante una escuela que promete guiar a los unos, liberar a los otros y dirigir a ambos hacia el ansiado foco de la Verdad; escuela desconocida, poco frecuentada, mas cuyos maestros han demostrado poseer una ciencia vastísima: la *Teosofía*, verdadero espiritualismo positivo por mucho tiempo conservado en los antiguos misterios, transmitido con más o menos pureza por los Kabalistas, los Místicos, los Templarios, los Rosacruces y los Masones, a menudo degenerada como cualquier doctrina que se divulga prematuramente, mas siempre oculta en el fondo de todas las religiones y cuidadosamente cultivada en muchos santuarios ignorados, siendo la india su foco principal.

El secreto de la Teosofía, para conciliar la ciencia con la metafísica, se halla en un cierto desarrollo práctico de las facultades humanas capaces de ampliar los límites de la certeza. Ensayemos por lo pronto de comprender sus posibilidades.

El examen atento de los métodos científicos, por muy positivos que parezcan, prueban que existe evidencia o certeza solamente en los axiomas, y que el andamiaje frágil y cambiante de nuestras ciencias, edificado sobre esta base inquebrantable, se debe totalmente a la intuición, de la cual son instrumentos la observación y la experiencia.

Por otra parte, el campo de la percepción directa en el cual se ejerce la intuición es susceptible de extensión; es lo que demuestran los fenómenos del hipnotismo y magnetismo (tormento de la ciencia moderna) en los cuales los límites de la materia opaca, del espacio y del tiempo se hallan suprimidos en una medida variable pero incontestable.

En fin, en este campo de las facultades trascendentes, la percepción no siempre se aproxima a la certeza invencible que caracteriza el axioma, dado que, entre los sujetos hipnotizables o magnetizables, la lucidez material presenta una serie de matices, que se repiten, en el orden intelectual, entre las fantasías de una imaginación desordenada y las revelaciones sublimes del genio verdaderamente inspirado.

No escapamos entonces de los datos positivos de la observación y de la experiencia al afirmar que la percepción física e intelectual del ser humano, es capaz de sobrepasar la sensación y el juicio ordinario, y que, en las regiones trascendentales que puede alcanzar, resulta pasible de mayor o menor certeza. Esta afirmación ofrece nuevos horizontes al conocimiento humano, una jerarquía de nuevas causas inmediatas, y la perspectiva de una progresión indefinida para la ciencia.

Ahora bien, la Teosofía enseña al hombre el entrenamiento que le permitirá abordar esas regiones trascendentales de la percepción, preservándolo al mismo tiempo de las ilusiones al través de las fuerzas y los nuevos seres que hallará; esta enseñanza constituye la Iniciación propiamente dicha.

El ligero esbozo que daremos, cuya imperfección deberá el lector atribuir al estudiante que lo formula, nos dará, al menos, una idea de los principios que unen la Religión y la Filosofía, la Sabiduría y la Ciencia, en la Teosofía.

*
* *

La Iniciación comprende dos partes diferentes pero solidarias: La *Teoría* de los recursos y de las necesidades de su comienzo, que el neófito admite siempre a beneficio de inventario, —conjuntamente con la reserva absoluta de su libertad de pensamiento—; y la *práctica*, en la que se ejercita, bajo la dirección de sus maestros, en el entrenamiento físico, intelectual y moral que debe transformarlo en un Iniciado.

La Teoría, primera enseñanza de la Teosofía, es tal como quedó indicada; es ella la que aporta el material de las publicaciones teosóficas: no caigamos entonces en el error de creernos iniciados por el sólo hecho de poseer algunos libros de uso público; su conocimiento puede ser una preparación excelente, pero nada más.

Estas teorías se hallan diseminadas en una multitud de libros más o menos conocidos, más o menos accesibles; pero son contados los que la exponen con la suficiente simplicidad y método para que su conjunto guste a todos los debutantes. Esta primera dificultad, motivada principalmente por el estado actual de las mentes, que dificulta la enseñanza regular, corresponde también a la diversidad de las inteligencias.

Unas, predispuestas a las doctrinas teosóficas, obtienen inmediato provecho de cualquier detalle; otras, al contrario, no pudiendo aceptarlas "a priori" en su conjunto, penetran voluntariamente por una puerta secundaria que les convenga especialmente, pero que frecuentemente los obliga a un largo rodeo al través de nuestras ciencias filosóficas.

En consecuencia, los comienzos serán siempre variables, exigiendo la dirección de algún compañero más avanzado, capaz de discernir el estado intelectual y moral del aspirante.

En el Tratado Elemental de Ciencias Ocultas de PAPUS, se hallará una excelente bibliografía de las obras teosóficas. He aquí, presentada en conjunto, una serie de estudios, algo larga tal vez, pero segura, capaz de establecer una transición adecuada entre el positivismo y la Teosofía.

Los hechos: Estudiar: Richet, — D'Assier, — Liebeault, — Philipps, — Dupotet, — Reichenbach, — Mesmer, etc.

Las Hipótesis de conjunto: Comte, — Stuart Mill, — Ribot, — Spencer, — Taine, etc.

Los Filósofos: Del Prel, — Hartmann, — Schopenhauer, — Hegel. — Se hallará gran provecho en los más antiguos: Espinosa, — Leibnitz, y hasta la antigüedad: Aristóteles, — Platon, — los Neoplatónicos, — los Pitagóricos, — después los sabios místicos modernos: Wronsky, — Fabre de Olivet, — Lucas, etc.

Nos hallamos entonces en plena teosofía.

Esta serie requiere sin embargo algunos retoques, correlativamente al carácter y aptitudes científicas del estudiante. Sin embargo es necesario mostrar algunos aspectos de esta teoría para la mejor inteligencia del asunto; el lector no deberá olvidar que el método de exposición es privativo del autor de este artículo, y con él los errores en que pudiera incurrir.

Las ciencias positivas dan como última fórmula del mundo sensible: *no hay materia sin fuerza; no hay fuerza sin materia*.

Fórmula incontestable, pero incompleta si no se le añade el comentario siguiente:

1º La combinación de lo que llamamos *Fuerza* y *Materia* se presenta en variadas proporciones después de lo que podría denominarse la fuerza materializada (la roca, el mineral, el cuerpo químico simple) hasta la *materia sutilizada* o *Materia fuerza* (el grano de polen, el espermatozoide, el átomo eléctrico); la *Materia* y la *Fuerza* aunque no nos sea posible aislarla, se presenta entonces como el límite matemático extremo y opuesto (o de signo contrario) de una serie en la que no vemos sino algunos términos intermediarios; límites abstractos pero indubitables.

2º Los términos de esta serie, es decir los individuos de la naturaleza, no son jamás estables; la *Fuerza*, cuyo 'carácter es la movilidad, arrastra, como al través de una corriente continua, de uno a otro polo, la materia esencialmente inerte, que se acusa por una contracorriente de retorno. Es así, por ejemplo, como un átomo de fósforo, extraído por el vegetal de los fosfatos minerales, constituirá el elemento de una célula cerebral (materia sutilizada) para regresar por desintegración al reino mineral inerte.

3º El movimiento, resultado de este equilibrio inestable, no es inarmónico; ofrece una serie de armonías coordinadas, a las que llamamos *Leyes*, y que se sintetizan a nuestras miradas en la ley suprema de la *Evolución*.

La conclusión se impone: Esta síntesis armoniosa de fenómenos, es la manifestación evidente de lo que denominamos *una voluntad*.

Ergo, según la ciencia positiva, el mundo, es la expresión de una voluntad que se manifiesta por el equilibrio inestable, pero progresivo de la Fuerza y la Materia.

Se traduce por este cuaternario:

I. VOLUNTAD (*origen simple*)

II. FUERZA (Elemento de la voluntad polarizada)

III. MATERIA

IV. EL MUNDO SENSIBLE

(Resultado de su equilibrio instable, dinámico)

El método positivo no nos permite detenernos aquí: es preciso todavía analizar la *Voluntad*. Observemos que este análisis, que el lector realizará fácilmente con la ayuda de un texto de psicología, nos conduce (al través de los dos términos opuestos, *afirmación* y *negación*) a una nueva causa superior de apariencia simple, la *Idea*, que el análisis descompondrá todavía en *conciencia* e *inconciencia*, para ascender —sin que pueda sobrepasarlo— a ese término absoluto, el *Uno, a la vez consciente* e *inconsciente*, afirmativo y negativo, fuerza y materia, innombrable, incomprensible para el hombre.

Designemos este término supremo por ALFA, y el átomo material por OMEGA, tendremos, según nuestro análisis, como representación del Universo la siguiente serie de cuaternarios jerárquicos:

+ (1) ALFA —		MUNDO DIVINO
(3) Consciencia (2) Inconsciencia		(El transcendente)
(4) Idea		MUNDO INTELÍ- GIBLE
(6) Afirmación (5) Negación		(La Lógica)
(7) Voluntad		
(9) Fuerza (8) Materia		MUNDO SENSIBLE
		(La Ciencia Positiva)
(10) El Cosmos		
OMEGA		

Los términos extremos, Alfa y Omega, Espíritu y Materia, igualmente inaccesibles a la inteligencia humana en su infinita grandeza y pequeñez infinita (¹), no solamente están reunidos por cadenas intermediarias invariables, sino que se produce del uno al otro un continuo movimiento descendente, en el cual el Espíritu deviene Materia —por las desintegraciones sucesivas expresadas por la Idea, la Voluntad y el Cosmos. Es lo que constituye la *creación*.

Pero dado que el Cosmos se halla en movimiento evolutivo —como lo demuestra la ciencia— y puesto que, según ella, este movimiento tiende palmariamente hacia una síntesis progresiva que espiritualiza a los seres complicándolos cada vez más, el esquema precedente no expresa sino la mitad del Universo, *la descendente;* es necesario añadirle la otra mitad para que retrotraiga el átomo, Omega, al principio opuesto, Alfa, al través de las síntesis progresivas de las vidas individuales. Es el *Progreso,* continuación de la Creación.

Así, el Universo se nos muestra como una corriente circular cuya orientación es necesariamente inversa en los dos arcos opuestos; del polo positivo Alfa al polo negativo Omega, la corriente desciende: es la *Involución,* el descenso del Espíritu en la materia; del polo negativo Omega al polo positivo Alfa, la corriente asciende: es la *Evolución,* la espiritualización de la materia; llegaremos luego a su descripción.

En conclusión, por lo que al hombre se refiere:

La ciencia nos lo muestra sobre el arco ascendente y ya muy lejos del polo negativo, puesto que se halla a la cabeza de los tres reinos terrestres. Pertenece en consecuencia al *mundo sensible* del Universo; el movimiento impresionante de la ciencia certifica igualmente el lugar que ocupa en el *mundo intelectual;* pero al mismo tiempo, sus errores, sus incertidumbres, las enormes lagunas de su saber, como asimismo sus pasiones, demuestran acabadamente que aquí no es ya el amo absoluto. En cuanto al *mundo divino,* lo concibe, lo presiente, pero apenas si logra atisbarlo recurriendo a la fe más bien que a la ciencia.

(¹) El primero, alfa *Uno,* es un infinitamente grande, integración de OMEGA. El segundo, omega, múltiple compuesto de un *número infinito* de elementos infinitamente pequeños; análisis de alfa.

El hombre es, por lo tanto, un ser que ha logrado alcanzar en su reascensión la región intermedia y sobre todo un sector vecino al centro de aquella; su lugar está en el medio del arco ascendente, entre los seres superiores y los inferiores de la creación, dominando a los unos, dominado por los otros, entre el Angel y la Bestia.

Situación necesariamente penosa a causa de la igualdad de dos fuerzas contrarias que retardan la ascensión, verdadero punto muerto que es necesario vencer mediante un esfuerzo especial.

La iniciación es la enseñanza que facilita, llegado ese momento, la eclosión de la crisálida humana. Nos hallamos ahora en las condiciones necesarias para comprenderla.

Los Antiguos, con la pujanza de su genio sintético, habían simbolizado el conjunto de la Involución y de la Evolución mediante una serie de 22 figuras plenas de significado, que constituye lo que los ocultistas denominan los 22 *Arcanos Mayores.*

Considerando a las 10 primeras como una descripción de la Involución, hallaremos en las restantes las fases sucesivas de la Iniciación, tal como las describen las *doce horas* (o sentencias) atribuídas al célebre Apolonio de Thyana, y que enumeraremos a continuación.

Para mayor claridad, deberemos volver por un instante sobre la evolución:

En efecto, su análisis no se completa con los 10 términos que nos han conducido al Cosmos, equilibrio dinámico de la Fuerza y la Materia. Este Cosmos puede analizarse a su vez en dos principios, que la ciencia nos muestra en conflicto en los movimientos de la materia, a saber: el *Activo* y el *Pasivo* (masculino y femenino de los organismos, ácido y base de la química, polos opuestos de la electricidad, etc.).

Es tan sólo en su equilibrio absoluto que reside la materia completamente inerte, el polo inaccesible exactamente opuesto a la Alfa: la Omega del Universo.

Los ocultistas han representado esta 4ª tetraktis, cuyo primer término es el Cosmos (la tetraktis del mundo *inferior, infera,* los *infiernos*), mediante los arcanos 11, 12 y 13. El último, aquel que lleva el número 13, tan generalmente temido, merece destacarse. Se denomina la MUERTE y la RESURRECCION: es allí, efectivamente, donde reside la Inercia absoluta, pero es también allí donde la Involución se detiene y la Evolución comienza, puesto que el equilibrio de los dos principios activo y pasivo no persiste jamás.

Esto parece contradecirse con la observación precedente: que la descripción de la iniciación, es decir la reascensión, comienza en el arcano 10 y no en el 14. Pero no es así: En la Evolución, el ser debe tomar en sentido inverso, para efectuar la síntesis, todos los planos a través de las cuales la Alfa se ha desintegrado en el curso de la Involución. El hombre, es la resultante de un trabajo de este género anterior a su estado presente, pero este trabajo, que lo ha elevado desde la Omega hasta el plano de la Voluntad, no es consciente para él; lo ha recorrido, primeramente bajo la presión fatal de la Fuerza pura, después del instinto, de los deseos, de las pasiones; por lo tanto no *conoce* su solución anterior, y, no obstante: ¿de qué manera podría él transformarse en el *dueño* de cualquiera de esos mundos, sin conocerlos a todos por igual? Su primera operación en la Iniciación será, pues, el redescender hasta sus orígenes en la Evolución, entrar en conocimiento de sus diversos grados, de todas sus fuerzas, de los variados seres que la atravesaron, de hundirse, por así decirlo, hasta las raíces de la vida, hasta la *muerte*, y de aprender a dominarla.

Como lo demostraremos, esto no es una metáfora; el Neófito no puede llegar al ejercicio certero, voluntario, de las facultades trascendentes sin obtener previamente el dominio de las fuerzas que producen la ilusión y que amenazarían su propia vida; sin alcanzar la *Inercia* y vencerla. Es necesario que como el Cristo, modelo del hombre regenerado, expire sobre la cruz y resucite al *tercer* día, es decir después de haber descendido los tres últimos grados representados por los arcanos 11, 12 y 13 hasta la sima de los infiernos, para enfrentarse con la *Muerte* y dominarla.

Dicho lo cual, describamos las doce horas o fases de la *Iniciación*.

El arcano 10, primera hora de la serie, corresponde al plano actual del hombre. El símbolo de este arcano es la *Esfinge* que defendía la entrada del mundo egipcio; el Neófito descendía entre las patas al subterráneo que debía conducirlo al santuario, a través de una serie de pruebas, imagen y noviciado del descenso precitado.

Esta hora es pues la de la preparación; separa la vida común de la vida trascendente; se aprende la clase de trabajo a realizar y se decide realizarlo. Veamos cómo:

La cabeza humana de la Esfinge, foco de la inteligencia, dice al neófito: "Adquiere primero la *Ciencia* que muestra el fin y alumbra el camino". Es la enseñanza teórica indicada más arriba.

Sus flancos de toro, imagen de la labor ruda y perseverante de la cultura, le dice: "Se fuerte y paciente en el trabajo".

Sus patas de león le dicen "Hay que *osar* y defenderse de las fuerzas inferiores".

Sus alas de águila le dicen "y querer elevarse hacia las regiones trascendentes que tu alma alcanza ya".

La pregunta atribuída a la Esfinge griega y la obligatoria respuesta ofrece una imagen no menos expresiva del *hombre* y de su finalidad. Es él el animal que de *mañana*, es decir en la infancia de la humanidad, camina en 4 pies (4 es el número de la realización, personifica a la materia y sus instintos, el mundo sensible), a *medio día* (es decir en la edad viril de esta humanidad) marcha sobre 2 pie (2, número de la oposición, imagen de la ciencia, de sus contradicciones, de sus dudas, del mundo inteligible) y a la *noche* (cuando se aproxima el término de la jornada) anda sobre 3 pie (3, número del mundo divino; 3 ó la Trinidad da la solución de todas las oposiciones, de todas las antinomias mediante el término superior, síntesis armónica de los dos términos contrarios).

Apolonio describe esa hora con estas palabras: "aquí el neófito alaba a Dios, no profiere injurias, no es ya motivo de sufrimiento" — dicho de otro modo, empieza a conocer la Creación en su aspecto teórico y se ejercita en el dominio de sus pasiones.

Detengámonos un instante en la concordancia de estas diversas prescripciones.

Hemos visto al hombre alcanzar el arco ascendente, solicitado por las fuerzas de inercia, inferiores, que acaba de atravesar bajo el impulso del instinto, y aquellas activas que lo atraen hacia lo alto. Como lo hicimos observar, éste es el momento en que la lucha debe decidirse por intervención de la *Voluntad* suficientemente desarrollada por la Evolución, y suficientemente libre como para tomar partido por cualquiera de los bandos; puede entonces decidirse o por las fuerzas inferiores, de desintegración, o por las superiores, de síntesis; es a lo que llamamos el *Mal* y el *Bien*: Mal, en efecto, para él porque redescendiendo volverá a encontrar los vapores de la descomposición y de la muerte; Bien, al contrario, si remonta, porque gozará en la realización de sus aspiraciones naturales el conocimiento y el dominio de la Creación.

Ahora bien: ¿en qué lugar del organismo humano se halla instalado el índice de las fuerzas de inercia?

En el instinto, las *pasiones*. Por lo contrario, ¿dónde está el índice de las fuerzas activas? En la energía moral, la *Virtud*.

¿Dónde está en la organización humana el índice de las fuerzas desintegradoras que provocan el retorno a la inercia? En la tendencia al aislamiento, en el *egoísmo*. ¿Dónde está, por lo contrario el índice de las fuerzas integrantes? En la tendencia a la solidaridad, en el altruismo, en la *Fraternidad*.

Ergo, el mundo trascendente se halla abierto para cualquiera que posea la *voluntad* (o aún el impulso artificial) suficiente como para triunfar de las fuerzas que lo defienden; mas desgraciado de aquél que lo aborde con el corazón apasionado y egoísta, pues volverá a hundirse en la corriente de descomposición para disolverse. La Naturaleza destruye el mal; ¡es la ley de selección!

Tan solo aquél cuyo corazón rebose de caridad podrá elevarse, conforme al verdadero destino del ser humano, a la región de los principios.

Es por lo que la Esfinge prescribe a la par de la voluntad perseverante del toro, el coraje del león contra las fuerzas pasionales. Y es también por lo que Apolonio prescribe las reservas y la fraternidad, conjuntamente con el Evangelio que constituye la fuente de la Ley.

Esta es, además de la ciencia, la preparación a la Iniciación. Veremos muy pronto la sanción de estos preceptos.

El neófito suficientemente ejercitado en los preliminares de la primera hora desciende los tres grados inferiores del siguiente modo:

ARCANO XI: La Fuerza

Segunda hora de Apolonio: *Los abismos del fuego; las virtudes astrales forman un círculo al través de los dragones y el fuego.* (la cadena magnética).

El Neófito aprende a conocer la Fuerza Universal que obra en su organismo y la doble corriente (positiva y negativa) que la caracteriza. Este conocimiento tendrá su adecuada aplicación en las dos horas siguientes.

ARCANO XII: La Gran Obra.

Tercera hora de Apolonio: *Las serpientes, los canes y el fuego.*

Primera manifestación de la fuerza aplicada exteriormente a la materia inerte para efectuar las transmutaciones: LA ALQUIMIA. Alcanzando este grado práctico, el Neófito debe, en lo moral, estar dispuesto al sacrificio completo de la personalidad. Usando la terminología alquímica, diremos que debe haber destruído por el fuego su naturaleza fija a fin de volatilizarla.

ARCANO XIII: La Muerte.

Cuarta hora de Apolonio: "El Neófito vagará de noche entre los sepulcros. Experimentará el horror de las visiones. Se entregará a la Magia y a la goecia".

Es la necromancia, utilización de las fuerzas para el dominio de los seres inferiores: *Elementales* (organismos a punto de sintetizarse) y *Elementarios:* restos cadavéricos en desorganización.

En lo moral, el Neófito debe morir para la vida ordinaria a fin de renacer en la vida espiritual. El hombre celeste surgirá de los despojos del hombre terrestre.

Se ha alcanzado el fondo del universo. El neófito se halla en los límites del aura terrestre: atmósfera sublunar que envuelve al planeta y que constituye el depósito de los elementos de su vida.

Helo aquí en el momento terrible en que debe abandonar la tierra para lanzarse al océano del espacio; crisis terrible a la que se consagrarán dos períodos.

El primero es transitorio.

ARCANO XIV: LAS DOS URNAS. (los flúidos terrestres y celestes)

Quinta hora de Apolonio: "Las aguas superiores del cielo".

Se adquiere el conocimiento de las corrientes astrales que circulan en el aura planetaria, tal como en la segunda hora se adquirió el conocimiento de la fuerza anterior a su manifestación en la hora siguiente.

ARCANO XV: TIFÓN. (el huracán eléctrico)

Sexta hora de Apolonio: "Aquí es necesario mantenerse quieto, inmóvil, a causa del temor".

El neófito se expone a la doble y potente corriente flúidica del espacio interestelar, que arrolla sin miramientos al imprudente o al ignorante, pero que eleva al fuerte suficientemente purificado. Silencio, prudencia, coraje.

Según vuestros méritos, seréis arrebatados como San Pablo, o de lo contrario os expondréis a la locura, la hechicería, y hasta a la espiritualización del mal. Será el Sabbat o el Extasis.

El lector deberá prestar la máxima atención a este solemne instante del ocultismo práctico, tan bien descripto por Lytton en su novela (Zanoni) con el nombre de "El Guardián del Umbral". Se llega a este umbral por vías muy diversas: el haschich, los narcóticos, los hipnóticos, las prácticas de la mediumnidad espirita; mas desgraciado de aquél que se asoma a este umbral sin haber triunfado en su larga y penosa labor preparatoria.

El próximo arcano nos muestra los resultados que pueden esperarse.

ARCANO XVI: La Torre Fulminada.

Séptima hora de Apolonio: "El fuego reconforta los seres anima-
dos, y si algún sacerdote, hombre suficientemente purificado, lo
roba y luego lo proyecta; si lo mezcla al óleo santo y lo consagra,
logrará curar todas las enfermedades con solo aplicarlo a la parte
afectada".

La irresistible corriente abate al hombre que la desafía desde
las elevadas cimas terrestres. Si el temerario carece de la pureza
necesaria, sufrirá la acción de las fuerzas desorganizadoras en la
justa proporción de su indigencia moral e intelectual (misticismo
incoherente, locura, muerte o desintegración completa, figurada por
el genio del mal: el Diablo).

Si en cambio hubiera merecido habitar las regiones superiores,
este bautismo de fuego le dará los poderes del Mago. Las fuentes
de la vida terrestre se hallarán a su disposición. Llegará a ser Te-
rapeuta.

Entonces conocerá y dominará los espacios celestes en la misma
forma como conocerá y dominará la esfera terrestre. Tres horas se
consagran a esta exploración.

ARCANO XVII: La Estrella de los Magos.

Octava hora de Apolonio: "Las virtudes astrales de los elementos, de las simientes de todo género".

Estamos en la región de los principios del sistema solar. La
vida se aclara; su distribución desde el centro solar hacia todos los
planetas y sus recíprocas influencias, son al fin entendidas en todos
sus detalles. Es a lo que los ocultistas llaman *correspondencias*. El
Iniciado alcanza los más profundos conocimientos de la Astrología.

ARCANO XVIII: El Crepúsculo.

Novena hora de Apolonio: "Aquí nada terminado todavía".

El iniciado aumenta su percepción hasta sobrepasar los límites
del sistema solar, "más allá del zodíaco". Llega al umbral del infi-

nito. Alcanza los límites del "mundo inteligible". Se revela la luz divina y con ella aparecen nuevos temores y peligros.

ARCANO XIX: La Luz Resplandeciente.

Décima hora de Apolonio: "Las puertas del cielo se abren y el hombre sale de su letargo".

La idea aparece al alma regenarada del Iniciado; como se dice en ocultismo: surge el "Sol Espiritual". Mediante un nuevo renacimiento entrará en el Mundo Divino y allí será inmortal.

Dos pagos hay que efectuar para llenar el más alto destino humano.

ARCANO XX: "El Despertar de los Muertos".

Undécima hora de Apolonio: "Los Angeles, los Querubines y los Serafines vuelan con rumores de alas; hay regocijo en el cielo, despierta la tierra y el sol, que surge de Adan".

Son las jerarquías del mundo divino que se manifiestan sobre nuevos mundos y cielos. El Iniciado no volverá a morir; se ha hecho inmortal.

ARCANO XXI: La Corona de los Magos.

Duodécima hora de Apolonio: "Las cohortes del fuego se aquietan".

Nirvana. Regreso definitivo a la ALFA.

Resumamos en un cuadro las doce horas de la Iniciación.

O — Estudio y Pruebas preliminares.		Arcano X	1ª hora
I — Estudio transcendente del mundo sensible.			
Manifestaciones inferiores:			
1º Estudio preliminar de la Fuerza.	(Magnetismo)	Arcano XI	2ª hora
2º Aplicación al mundo inerte.	(Alquimia)	Arcano XII	3ª hora
3º Aplicación al mundo animado elemental.	(Necromancia) (Magia)	Arcano XIII	4ª hora
Fase transitoria:			
1º Percepción de las fuerzas superiores.		Arcano XIV	5ª hora
2º Entrada en el mundo ultraterrestre.	(Extasis)	Arcano XV (TIFON)	6ª hora
EL GUARDIAN DEL UMBRAL			
Regiones superiores:			
1º Aplicación de las fuerzas superiores a la vida terrestre.	(Terapéutica)	Arcano XVI	7ª hora
2º Las fuerzas en el sistema solar.	(Astrología)	Arcano XVII	8ª hora
3º Las fuerzas en el universo entero.		Arcano XVIII	9ª hora
II.— Estudio del mundo inteligible: Al borde del Infinito.		Arcano XIX	10ª hora
III. — Estudio del mundo divino. Jerarquías divinas.		Arcano XX	11ª hora
Nirvana.		Arcano XXI	12ª hora

Sería inútil destacar las dificultades que presentan cada una de estas horas. Por otra parte, el tiempo que demandan hasta su total realización no solamente puede contarse en años sino también por vidas, y aún por centenares de siglos.

Del conocimiento de estas horas podemos esperar lo siguiente:

1º Un amplio progreso en la dirección de nuestras más hermosas esperanzas;

2º Una realización suficiente como para permitir y asegurar el éxito de los que nos acompañan;

3º La suficiente confianza en las enseñanzas de aquellos que reconocemos como nuestros maestros;

4º La certeza que de estas fecundas enseñanzas obtendremos los medios necesarios para ser útiles a nuestros semejantes.

Si queremos triunfar deberemos poner en práctica el consejo de la Esfinge: aumentar el caudal de nuestros conocimientos, al mismo tiempo que apuntalamos sólidamente nuestra conciencia moral.

Sin embargo tan sólo aquellos que llevaron a la práctica estos consejos saben del intenso esfuerzo que requieren. Ojalá estas líneas tengan la virtud de provocar en el lector, el deseo y el coraje de repetir estos esfuerzos.

F. CH. BARLET.

EL NOMBRE DIVINO EN EL TAROT

Por F. CH. BARLET.

El conjunto de símbolos que conocemos con el nombre de Taro:, se halla distribuído en una serie de 78 láminas o cartas, en vez de condensarse en una única figura sintética. La razón que informa esta distribución obedece a los múltiples significados (a la vez teológicos, cosmológicos, psicológicos y adivinatorios) que contiene, y a que ésta multiplicidad resulta de las combinaciones y permutaciones que pueden efectuarse con las 78 láminas. Semejante disposición no es la menos atrayente de esta obra maestra, pues a ella se añade el movimiento, es decir la vida, que falta por lo general en todas las representaciones gráficas; esto sin contar la variedad de sus manifestaciones que abarcan el número, la palabra, la forma y el color.

Podemos entonces *hacer hablar* al Tarot cuando hallamos algunas de sus innumerables combinaciones, es decir cuando sabemos disponer sobre una mesa una parte o la totalidad de sus láminas, en el orden que corresponde.

Preguntémosle, por ejemplo, qué es la Creación desde el punto de vista humano, es decir qué es la vida del Gran Todo y en qué medida debe y puede participar en ella. El Tarot, considerado en su conjunto (22 arcanos mayores y 56 menores) nos contestará al punto, tal como vamos a demostrarlo citando algunas de las profundas interpretaciones que ofrece.

Para obtener esta enseñanza, recordemos primeramente que las tres primeras láminas del Tarot expresan la Trinidad, al mismo tiempo que constituyen la clave de los 22 arcanos mayores, los cuales, abstracción hecha del O— no son otra cosa que una séptuple repetición de esta trinidad. Recordemos también que la lámina IV, cuarto término de la tetraktis divina es, a la vez, la realización de la Trinidad vuelta a la unidad y el primer término de la trinidad siguiente. De acuerdo a lo que antecede, las cuatro primeras láminas representarán el nombre divino de cuatro letras (IEVE), de tal manera que si repetimos siete veces la Trinidad para obtener la serie completa de los 21 arcanos mayores, los números y las letras se hallarán en la siguiente relación:

Números 1.2.3. — 4.5.6. — 7.8.9. — etc.

Letras   IE V —   E I E — V E I —   „

(והי   היה   יהו)

Supongamos a estas letras unidas a los arcanos correspondientes y tendremos entonces la primera clave de la distribución que buscamos. Para hallar la segunda clave, distribuiremos las láminas en el espacio, y de inmediato resultará su ubicación en el plano.

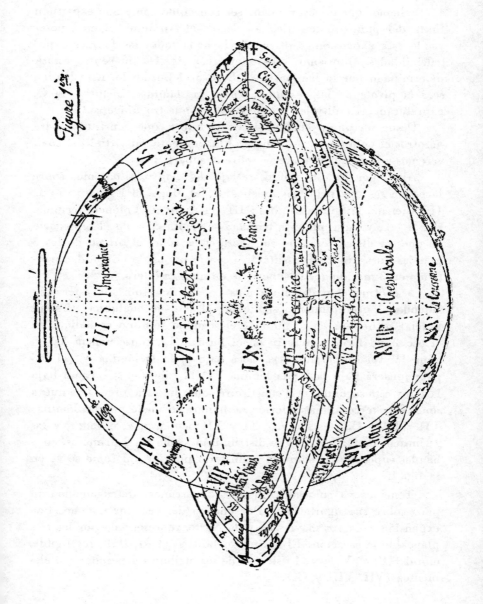

Figure 1er.

— 271 —

Sabemos que el cosmos debe ser concebido como una expansión finita del punto matemático, es decir del Absoluto, el cual poseyendo esta expansión, contiene en la nada todas las fuerzas o potencialidades. Dibujemos esta esfera (ver fig. I). Su centro estará determinado por la lámina O, el Loco o el Cocodrilo. Esta lámina será el pivote de las restantes. Todas las láminas, inclusive la O, expresarán las múltiples propiedades de nuestro universo.

Desde un punto cualquiera de la esfera, que constituirá para nosotros el polo norte, se iniciará el movimiento, en virtud del cual, veremos a la creación aparecer sobre la superficie.

Alrededor de este punto, reflejo del centro, situaremos sobre la esfera los tres primeros arcanos: I (el Mago, el Espíritu ו); II (La Ciencia, la Substancia ה) ; III (el Amor, la Potencia fecunda, el Ser ז) ; y para que esta trinidad se repita en todo el septenario de nuestra distribución, la consideraremos como el origen de los 3 grandes husos, que representarán los 3 términos de la trinidad, cortando en 3 meridianos la superficie de nuestra esfera.

A continuación distribuiremos las láminas sobre la esfera, siguiendo el procedimiento siguiente: el jefe de cualquier trinidad parcial se hallará en el huso 1; el segundo término se hallará en el uso 2; el término tercero en el huso 3. En consecuencia, la lámina IV (el Emperador ה), caerá bajo la I; la lámina V (el Papa ו) caerá bajo la II; la lámina VI (la Libertad ח) caerá bajo la III, y esta segunda serie constituirá sobre nuestra esfera una nueva zona. Una tercera, más inferior, se hallará formada por las láminas VII, VIII y IX; las láminas XI y XII ocuparán el ecuador, y las 9 láminas, de XIII a XXI se distribuirán, como las 9 primeras, en 3 bandas superpuestas sobre el hemisferio inferior, tal como se ve en la fig. 1.

Tenemos ya colocados nuestros 22 arcanos; detengámonos un poco sobre sus significados: Por encima del ecuador notamos una expansión cada vez mayor del polo Norte, representado por los tres planos de la creación: El Divino, metafísico (I, II, III) ; inteligible, moral (IV, V, VI) ; y el físico, el de los atributos generadores o elementos (VII, VIII y IX).

La creación se realiza sobre la línea ecuatorial (X, XI, XII) cuyo primer término representa, conjuntamente con las láminas precedentes, los 10 sephirot de la Cábala.

Debajo del ecuador, mundo de la realización material que se abandona con la Muerte (arc. XIII), la expansión se estrecha, se sintetiza mediante un movimiento inverso y simétrico al precedente. Los arcanos siguientes representarán la Iniciación llevada hasta sus límites extremos, la senda por la cual la criatura (Arc. X) retorna de la multiplicidad a la unidad del espíritu, regresa al punto, al polo del meridiano, nuevo reflejo del Absoluto, hacia el cual ascenderá por el eje vertical de la esfera.

El Neófito, después de su preparación (ciencias positivas, magnetismo y alquimia, arc. X, XI, XII) recorre el mundo sublunar (arc. XIII, XIV, XV), después el sistema solar (arc. XVI XVII, XVIII) y se escapa por el sol en los abismos del infinito (arc. XIX, XX, XXI).

Es cuanto podemos deducir de esta breve exposición sobre la distribución práctica de los 21 arcanos sobre un plano (distribución que el lector deberá reproducir sobre una mesa para obtener de ella todo el provecho posible).

Bastará con que nos imaginemos a esta esfera vista desde una distancia considerable, sobre la vertical de su eje; por ejemplo, a la distancia de la tierra al sol aparecerá solamente el hemisferio superior; el otro será visto en "transparencia", y aparecerá como un círculo cuyo ecuador será la circunferencia. Los límites de las 3 zonas superpuestas se verán como tres círculos concéntricos; los planos meridianos, vistos en secciones, aparecerán en forma de tres rayos igualmente espaciados, formando 3 sectores e igual cantidad de arcos. Esta representación, que los geómetras denominan proyección sobre un plano del ecuador, nos da la figura 2 (solamente los 4 círculos del medio); para la mayor claridad de los símbolos se le añade un triángulo equilátero inscripto en el círculo interior, con los vértices situados en los tres meridianos. Las cifras romanas anotadas en el círculo representan los números de las láminas, situadas como ya se dijo, y, en consecuencia, indicarán también su ubicación sobre la mesa: los arcanos del hemisferio inferior están indicados en la figura mediante cifras de puntos, dentro el mismo círculo que las precedentes, ya que la zona inferior, vista al trasluz, se confunde con la superior a causa de su recíproca simetría.

Tenemos ya, en sus líneas generales, la respuesta a nuestra pregunta: El Espíritu desciende mediante tres trinidades del Absoluto a la materia (hemisferio superior). Se realiza mediante la trinidad X (Malchut), XI y XII (el ecuador), y vuelve al Absoluto mediante una Trinidad de síntesis creciente que constituye el programa humano (hemisferio inferior).

Indicaremos luego algunas de las interpretaciones filosóficas que ofrece esta distribución; terminemos ahora con nuestros 55 arcanos menores. Representan especialmente nuestro mundo solar.

Como nos hallamos aquí en el mundo de la realización, su número o base fundamental será el 4; es la Trinidad manifestada, el nombre divino de 4 letras IEVE (יהוה) Dividiremos nuestras láminas en cuatro secciones: los 4 colores del juego de cartas: piques, corazones, tréboles y diamantes, o, según su nombre hieroglífico —mucho más significativo— Cetros, Copas, Espadas y Oros.

Todo es dual en este mundo de equilibrio inestable, cuyo reposo no podrá alcanzarse sino regresando a la Trinidad que lo originó.

Así estas cuatro divisiones fundamentales van a dividirse en dos duadas: una espiritual, la otra material, cada una de ellas compuestas por un principio masculino y otro femenino, a saber:

Duada espiritual: los Cetros (piques, triángulo pleno, masculino); las Copas (corazones, triángulo abierto, femenino); atributos religiosos;

Duada material: las Espadas (tréboles, triángulo lobulado) y los Oros (diamantes, triángulo doble); atributos del guerrero y del artesano.

A estas cuatro divisiones de colores corresponden otras 4, las de las figuras, compuestas a su vez de dos duadas; a saber:

Rey y dama;

Caballero o combatiente, y Valet;

En cuanto a los números que siguen a estas figuras, nos llevan a otra consideración, de mucha importancia para la distribución de nuestras láminas;

Si 4 es la cifra fundamental de estos arcanos menores, símbolos de nuestro mundo, no debemos olvidar que se relacionan también con la Trinidad de la cual emanan. Es necesario que volvamos a encontrar el elemento ternario, después los colores y las figuras, que han constituído la base de nuestro mundo; los números, que constituyen su esencia, reflejarán los sephirots y mediante ellos el acto de la creación; en efecto, se detienen en el número 10, abarcando 3 trinidades además de la decena, Malchut, que los resume.

Es necesario también que nuestra distribución tenga en cuenta los dos números, 3 y 4, combinándolos de manera de poder utilizar todos los elementos que acabamos de enumerar. Explicaremos como podremos hacerlo (seguir la fig. 1 sobre el plano del ecuador proyectado fuera de la esfera):

Separemos primeramente dos clases de láminas: los Valet de cada uno de los 4 colores (ה), los cuales, realizando la Trinidad Rey (י), Dama (ה), Caballero (ו), representan la transición del cuaternario al ternario; luego, el 10 de cada color que es la unidad de realización completa, la unidad múltiple 1 y 0 — Malchut.

Los Valet, por su participación en el cuaternario y en el ternario, y su regreso a la Unidad por la Trinidad, poseen un carácter de universalidad semejante a la lámina 0 de los grandes arcanos; por lo tanto, los colocamos en cruz alrededor de esta lámina, y en el centro del círculo ecuatorial. De esta manera, el centro expresará: mediante la lámina 0 la unidad original, fuente y meta de la creación; mediante el triángulo, la Trinidad Primitiva; mediante los cuatro colores, el cuaternario por medio del cual se realiza; mediante el atributo de los 4 valet, la reducción del cuaternario al ternario; es decir toda la creación reunida en un punto, en estado potencial; es la característica del Espíritu.

Los 10, al contrario, estarán situados en las extremidades de la cruz trazada por los valet, fuera de los círculos, como la expresión de la Unidad múltiple en su último término de diferenciación.

En cuanto a las otras láminas, comprenden 3 clases de figuras correspondientes a los 3 términos de la Trinidad; es muy fácil distribuirlas sobre las 3 partes del plano ecuatorial externo, correspondientes a las 3 divisiones de la esfera:

Los Reyes delante la división I (י)
Las Damas delante la división E (ה),
Los Caballeros delante la División V (ו),

y dado que hay 4 colores para cada uno de ellos, se producirán 4 subdivisiones naturales en cada una de las 3 divisiones principales; estas 4 subdivisiones corresponden a los Cetros (י); a las Copas (ה); a las Espadas (ו); a los Oros (ה), como asimismo al nombre divino de 4 letras IEVE (יהוה) y forman la transición del ternario al cuaternario.

Queda por colocar los números; bastará hallar sus correspondencias con los términos de la Trinidad:

Los cuatro 1, detrás de los Reyes;
Los cuatro 2, detrás de las Damas;
Los cuatro 3, detrás de los Caballeros;

después, en el círculo siguiente:

Los cuatro 4, detrás de los Reyes y los 1;
Los cuatro 5, detrás de las Damas y los 2;
Los cuatro 6, detrás de los Caballeros y los 3.

En fin, un tercer círculo contendrá dentro del mismo orden los 7, los 8 y los 9. En cuanto a los 10 se hallan situados al exterior, como ya quedó dicho.

De este modo se obtiene la distribución representada en las figuras 1 y 2. Veamos ahora su significación:

El átomo viviente en su descenso sobre la esfera ha llegado al punto representado por el arcano 10; *la rueda de Ezequiel que eleva al hombre y humilla al elemental*, el átomo va a instalarse, por así decirlo, en el mundo material al cual acaba de llegar; desciende primeramente al través de la década espiritual (Cetros y Copas) recorriendo a su paso los números cada vez más complejos que se hallan en su camino: Rey, 1, 4, 7, después el 10. Mediante este 10, unidad múltiple, límite de la materialización semejante a las dos partes de la década Cetros-Copas, toma en sentido inverso el camino que lo volverá a la lámina X, ascendiendo por las láminas 4, 7, 1, Rey de Copas y Rey de espadas, duada substancial.

Pero esto es solamente la tercera parte del viaje que el átomo viviente debe cumplir en el mundo real; en efecto, en esta su primera excursión al través de la materia, conserva todavía su carácter espiritual, conferido por la iod (ז), clave de la lámina X; ahora

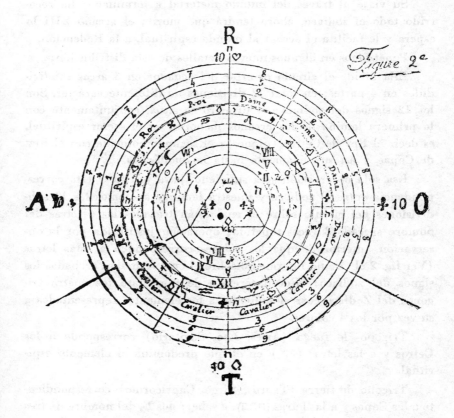

Figure 2ᵉ

debe perder esta característica para adquirir la de he (ה) que la sigue. Con tal fin, pasará de la lámina X a la lámina XI (ה) el ERMITAÑO, la LÁMPARA VELADA, para recorrer como lo hizo anteriormente la serie dualista Cetros-Copas, al través de las Damas, los

2, los 5 y los 8, pasar por el 10 de Copas, y ascender por la segunda serie Espadas-Oros, hasta el arcano XI, punto de partida de esta segunda excursión.

Por fin desde este último arcano, pasa al XII, el SACRIFICIO, desciende la serie neutra Caballero, 3, 6, 9 de Cetros y de Copas, atraviesa el 10 de Espadas y el 10 de Oros, y sube por la dualidad Espadas-Oros hasta el mundo inteligible.

Su viaje al través del mundo material a terminado; ha recorrido todo el zodíaco, ahora tendrá que morir; el arcano XIII lo espera y le facilita el acceso al mundo espiritual, a la Redención.

Penetremos en algunos nuevos detalles de esta distribución:

Ella divide el círculo exterior del ecuador en 3 arcos subdivididos en 4 partes; en total 12 divisiones de diferente carácter. Son los 12 signos del zodíaco; el primero se sitúa, conjuntamente con la primera lámina de los arcanos menores, en el sector espiritual, es decir el Rey de Cetros (piques); el segundo coincide con el Rey de Copas, y así sucesivamente hasta la duodécima.

Usa sola observación será suficiente para justificar esta correspondencia entre el zodíaco y nuestra lámina: anotemos las 12 subdivisiones del círculo sobre el cual están trazadas las 4 letras del nombre sagrado 3 veces repetido; operación justificada por la observación anterior de que los colores corresponden a estas letras (Ver fig. 2 el círculo intermedio sobre el cual se hallan grabadas los signos del zodíaco). Reconoceremos de inmediato los cuatro trígonos del Zodíaco correspondientes a los elementos representados a su vez por los 4 colores.

Trígono de fuego (Aries, Leo, Sagitario) corresponde a los Cetros y a las letras (ייו) en el que predomina el elemento espiritual.

Trígono de tierra (Taurus, Virgo, Capricornio) correspondiente a las Copas y a las letras (ההה), a saber: dos E, del nombre de tres letras y la E final del nombre de 4 letras — carácter esencialmente femenino, substancia, más de orden superior.

Trígono de aire (Geminis, Libra, Aquarium), correspondiente a las Espadas y a las letras (ההד), y en el que predomina el elemento masculino de segundo orden.

Trígono de agua (Cancer, Scorpio, Piscis), correspondiente al Oro y a las letras (הההה) que comprenden, esta vez, dos veces la E final del nombre de cuatro letras y la E del nombre de tres letras; característica dominante, lo femenino inferior.

Mas dejemos los arcanos menores librados a la investigación del lector; nos llevarían demasiado lejos; volvamos sobre ciertos aspectos de los arcanos mayores.

Observemos primeramente como los tres sectores principales conservan y reproducen en todas sus partes los caracteres que les son propios.

En el primero, el de la letra iod (') el Espíritu, se hallan los NÚMEROS unitarios: I, IV, VII, X (repetidos en los arcanos menores) ; como FIGURA, los Reyes; como COLOR, los Cetros; en el ZODÍACO, las líneas recorridas por el sol encima del ecuador, desde la primavera hasta el solsticio.

En el segundo sector (ה), el principio substancial, se hallan los NÚMEROS femeninos II, V, VIII, IX (repetidos en los arcanos menores) ; como FIGURA, las Damas; como COLOR, las Copas; en el ZODÍACO, los cuatro signos que recorre el sol hacia el ecuador; estación de la mies y la vendimia, fecundidad en todos sus aspectos.

En el tercer sector (ו), el Hijo, el Elemento, están los nombres sagrados que participan de los dos órdenes precedentes III, VI IX; como FIGURA, el Caballero; como COLOR, los Oros del mundo práctico y también las Espadas, que cierra el sector precedente; en el ZODÍACO, los signos que el sol recorre en el hemisferio Sud; nuestro invierno, tiempo durante el cual se consumen los productos, de renovación del ciclo siguiente: Navidad se halla en el medio; el renacimiento en los hielos de la muerte; el tiempo durante el cual el HIJO nace en un mundo inferior para reanimarlo.

El nombre divino (יהוה) no se halla solamente inscripto en la serie de los círculos concéntricos sino que se lee también sobre los radios comunes a estos círculos, tanto en sentido descendente como ascendente.

El primer sector lo da sin transposición, tal como se ve en la fig. 2. En el segundo sector, el nombre divino se halla precedido de la letra femenina E, la Madre, y en seguida se une a ella: E, IEVE, IE (ver la figura).

En el tercero, comienza con la letra del HIJO y termina con la del PADRE: VE, IEVE.

Partiendo de estas observaciones, vamos a preguntar a los símbolos de las láminas cuáles son las diferentes maneras de pronunciar el Nombre divino y las diferentes manifestaciones, en el cosmos, de cada una de estas cuatro letras. Interroguemos más bien al Espíritu de estos símbolos, en vez de sus números, de sus colores o de sus formas, que es lo que nos preocupó especialmente hasta aquí.

Siguiendo el orden de nuestra distribución hallaremos:

En el mundo divino; arcanos I, II, III, IV, la Tetraktis divina, compuesta por: 1º el Ser absoluto; 2º la Conciencia del Absoluto; 3º el Amor o potencia fecundante; 4º la realización de las virtualidades del Absoluto.

En el mundo de las leyes: arcano V, la ley que relaciona a lo Creado con lo increado (el Iniciador, y también el Temor); VI (la Libertad, la Belleza, la ciencia del bien y del mal, consciencia de la ley; VII (la Gloria; dominio del Espíritu sobre la materia; potencia fecunda de la Ley; VIII (Justicia absoluta, Victoria) realización de la Ley.

En el mundo físico: arcanos IX (la Lámpara velada), la luz apagada por las tinieblas de la sustancia, el espíritu encarcelado en el mundo material, Iesod. X (la Rueda de la Fortuna) que eleva al Espíritu caído para traerlo, conjuntamente con la materia espiritualizada por él, a su plena potencia, mediante (la Fuerza), arcano XI, y por (el Sacrificio) arcano XII.

Siguen ahora las fases de la espiritualización. XIII Primera fase: (la Muerte) en el mundo físico. XIV (las dos Urnas) combinación de los movimientos de la vida. XV (Tifón, la Magia); XVI (la Torre Fulminada), la fuerza interplanetaria.

Segunda fase: XVII (la Estrella relampagueante), la luz interior; XVIII (el Crepúsculo), el amanecer del sol divino; XIX (el Sol) central; y XX (el Juicio), después del cual se obtiene la realización suprema, la Corona de los Magos.

Como ya lo dijimos, el nombre divino puede enunciarse también recorriendo los tres sectores.

En el primero se encuentran los arcanos I, IV, VII, X. El absoluto, la realización de sus virtualidades, el dominio del espíritu sobre la materia y los principios vivificantes del ser. Después, al volver, XII, XVI, XIX y I. La Muerte (la Inercia) la luz astral, el sol central y el Innombrable.

Es la relación, mediante los principios, de la diferenciación y de la integración del Absoluto.

En el segundo sector, aquel que corresponde a la conciencia del Absoluto, o la fe, tenemos la serie: V. VIII, IX, XIV: el Hierofante o la Religión; la Justicia, la Fuerza y la combinación de los movimientos de la vida, imagen de los Santos místicos de todas las religiones quienes, por la Fe y la Justicia absoluta, virtudes receptivas, femeninas, adquieren, sin proponérselo, el poder de realizar prodigios.

Por fin, un tercer sector, el del Amor o poder de fecundidad, tendremos la serie: IX, Sabiduría y Prudencia; XII, el Sacrificio; XV, el abandono a las fuerzas astrales; y XVIII, el regreso al infinito. Es la quintaesencia de esta serie de esfuerzos activos y pasivos lo que constituye la Iniciación, la Redención.

Busquemos todavía el nombre divino al través de los tres husos y hallaremos, por ejemplo, los arcanos I, II, III, IV que muestran la Trinidad divina manifestada por medio de la Belleza y la Libertad en el mundo intelectual: es la transición del Padre (ו) al Hijo (ד).

O también I, VI, IX, X: El descenso del Padre en el mundo físico (X) mediante el Hijo (IV) y Jesod (IX); el verbo hecho carne. Es la Redención, la serie que, en el Sepher Jezirah representa la Columna central de los Sephirot (Kether, Tiphereth, Jesod y Malchut).

Mas terminemos con estos ejemplos que el lector podrá multiplicar a su sabor. Digamos tan sólo dos palabras respecto al segundo problema, las diferentes manifestaciones de cada una de las tres personas de la Trinidad divina.

La iod se encuentra en los arcanos I, V, IX, XII y XIII; en Kether, el Hierofante y el Ermitaño; preside luego a la Muerte que volverá el mundo, desde el fondo de la Inercia encerrada en tinieblas a la corona resplandeciente del Mago, mediante la luz interna.

Notemos de paso que la iod es la única letra cuyas diversas situaciones forman una espiral completa sobre la esfera, desde el polo norte hasta el polo sud; símbolo sumamente sugestivo para quien conoce los misterios de la vida planetaria.

La primera E, la Madre celeste (arc. II), se reproduce en los arcanos VI, X, XIV y XVIII, es decir la Belleza, la Forma, el Angel de la Temperancia, que equilibra los movimientos de la vida, y la aurora del sol divino; Diana, la Luna.

El V, el Hijo, se halla configurado sobre los diversos planos por los arcanos III, VII, XI, XV y XIX; el Amor, poder fecundo; el Dominador de la Materia, la Fuerza, después Tifón, el Bafomet misterioso de los Templarios, que reúne las fuerzas superiores para verterlas sobre la Tierra, y por último el Sol central. En una palabra, el Cristo del Evangelio, Maestro de los Elementos, Verbo hecho carne para espiritualizar la carne; Angel del Sol, reflejo divino del Sol Universal.

En fin, la segunda E, la madre terrestre, se halla en los arcanos IV, VIII, XII, XVI y XX. Realización de las virtudes divinas, y también Misericordia; Justicia absoluta, Sacrificio, Espíritu fulminado y sufriente, y al fin Resurrección; la cabeza de la serpiente aplastada bajo el talón de la mujer, por la fuerza de la abnegación y de la fe resignada.

Basta con seguir estos diversos arcanos sobre la esfera para observar todavía que la iod contiene tres arcanos superiores (hemisferios norte) y 2 inferiores;

Que la vau contiene tan sólo 2 superiores, además de uno intermedio (sobre el ecuador);

Y que la E contiene 4 superiores, 2 inferiores y 2 medianos.

Concluyamos estas observaciones, demasiado extensas, con una simple nota.

Los tres mundos, Divino, Inteligible y Físico no se hallan solamente en las tres zonas de la esfera; se reproducen también en la disposición de conjunto; el mundo Divino está en el centro, mediante el Loco del Tarot y la cruz formada por los cuatro colores.

El mundo Inteligible se crea por el desarrollo de la esfera (fig. 1) o la distribución circular de los 21 arcanos mayores (fig. 2).

El mundo Físico aparece en el plano exterior del ecuador (fig. 1) mediante la distribución de los 56 arcanos menores, representación del Zodíaco y de los diversos grados de multiplicidad de la Fuerza al través de la substancia, hasta el polo opuesto, la unidad negativa, 10.

Además, el conjunto (fig. 1) reproduce la forma del planeta Saturno, con sus anillos, forma que, según las teorías de nuestra ciencia materialista, es la manifestación evidente, la demostración de las grandes leyes de formación de nuestro universo. A saber: la concentración de la substancia al estado radiante, alrededor de un punto de atracción, capaz de producir por condensación progresiva un movimiento de rotación —particularmente acentuado en el ecuador— en virtud del cual se producen las estrellas, los planetas, los satélites, descendiendo así de la nebulosa etérica al átomo; de la nada viviente a la nada inerte, del uno a la infinita multiplicidad.

Como vemos, el Tarot, producto secular del genio de nuestros abuelos, no solamente nos explica la creación en su estado actual, sino también su historia y hasta su futuro —conjuntamente con la del ser humano, desde su comienzo— evitando por la combinación de sus símbolos analógicos copiados a la naturaleza, el escollo contra el cual tropiezan todas las filosofías, esto es la definición de las palabras, la expresión perfecta y completa del Verbo en el mundo sublunar.

CAPITULO XVIII

EL TAROT CABALISTICO

Deducciones de Etteilla sobre el libro de Thoth. — Ejemplo de aplicación del Tarot a la Cábala, el Hierograma de Adan por Stanislas de Guaita.

DEDUCCIONES DE ETTEILLA SOBRE EL LIBRO DE THOTH

Vamos a resumir algunas de las conclusiones a las cuales había llegado Etteilla referentes al libro de Thoth (el Tarot).

El nombre de: Libro de Thoth Hermes, dado por Etteilla al Tarot, revela que nuestro autor conocía su origen egipcio. Este libro esta compuesto de 78 páginas repartidas en cuatro volúmenes.

El 1º comprende 12 páginas
„ 2º „ 5 „
„ 3º „ 5 „
„ 4º „ 56 „

Los 22 arcanos mayores componen 3 volúmenes, el último está compuesto por los 56 arcanos menores.

Las 56 páginas del último volumen se dividen de la siguiente manera, de acuerdo con la operación indicada en la primera tirada de cartas.

$$26 + 17 + 11 + 2 = 56.$$

Las 4 divisiones de estas 56 páginas (los 4 colores) representan respectivamente:

1º La agricultura.

2º El sacerdocio.

3º La nobleza. La Magistratura. Los militares. Los artistas.

4º El pueblo. El comercio.

El libro de Thoth contiene tres partes que son:

22 Triunfos mayores.

16 Triunfos menores (figuras).

40 Láminas inferiores.

Está compuesto igual que un ser viviente, puesto que:

78 es su cuerpo;

3 su espíritu o mediador;

1 su alma.

Si sumamos las 12 primeras páginas de este libro hallaremos el número total de que se halla compuesto:

$$1 + 2 + 3 + 4 + 5 + 6 + 7 + 8 + 9 + 10 + 11 + 12 = 78$$

Si ahora nos trasladamos a la primera operación dada por nuestro autor, hallaremos nuevas enseñanzas.

El número 78 representa, en efecto, la Sal o el Espíritu incorruptible. El número 1 (un libro) representa la Unidad, la Divinidad; por último, el número 26, que secciona el Tarot en tres partes, es precisamente el número de Jehová (יהוה).

Iod,	igual	10
He,	„	5
Vau,	„	6
He,	„	5
Total		26

En la primera operación, sobre el paquete de 26 cartas queda 0.

En la segunda operación, del paquete de 17 cartas queda 1, que representa el punto, dentro del círculo 0.

En fin, en la tercera operación, sobre el paquete de 11 cartas quedan 2, que representan al hombre.

0. Circunferencia del Universo.
1. El Puente del Centro-Dios.
2. El macho y la Hembra. El Hombre.

¡Dios, el Hombre y el Universo deducido por los procedimientos místicos de Etteilla!

No terminaríamos nunca si nos propusiéramos seguir nuestro autor al través de sus deduciones; para terminar, conformémonos con enseñar el sentido que atribuye al número de paquetes puestos aparte.

26. Es el Alma.
17. El espíritu.
11. El cuerpo.

Y el resto de las cartas $11 + 11 + 2 = 24$ es la vida.

Estas páginas bastarán para mostrar el procedimiento de Etteilla.

APLICACION DEL TAROT A LA CABALA. — EL HIEROGRAMA DE ADAN

POR STANISLAS DE GUAITA

Al afirmar que el hierograma de Adan oculta los más profundos arcanos del universo, no asombraremos a quienes hayan realizado un estudio cuidadoso del Sepher Bereschit. Confrontando la admirable traducción de Fabre D'Olivet con las revelaciones pantaculares del Libro de Thoth, no es difícil hacer brotar las supremas chispas de la verdad. Daremos a continuación algunas indicaciones que facilitarán la tarea.

Adan אדם se escribe en hebreo: Aleph, Duleth, Mem.

א (primera clave del Tarot: el Mago). Dios y el Hombre; el principio y el fin; la Unidad equilibrante.

ד (cuarta clave del Tarot: el Emperador). El Poder y el Reino; el cuaternario verbal; la Multiplicación del cubo.

מ (décima tercera clave del Tarot: La Muerte). Destrucción y Restauración; Noche y Día moral y física; la Eternidad y lo Efímero; la Pasividad femenina, simultáneamente abismo del pasado y matriz del Porvenir.

El análisis ternario del principio insondable, que iod manifiesta en su inaccesible y sintética unidad, Adán, es, en el fondo, muy semejante al hierograma Aum, tan famoso en los santuarios hindúes.

En אדם Aleph corresponde al Padre, origen de la Trinidad; Dalet al Hijo (al cual la Cábala llama también el Rey) y Mem al Espíritu Santo cuyo cuerpo etérico, constructor y destructor de las formas transitorias, produce la vida (indestructible e inalterable en su esencia).

He dicho que א ד ם es el análisis cíclico del principio del cual iod es la síntesis inaccesible.

Un simple cálculo de cábala numérica confirmará esta afirmación: Reduzcamos las letras a números (método tarótico).

$$\text{א} \quad 1 \qquad \text{ד} \quad 4 \qquad \text{ם} \quad 13$$
$$1 + 4 + 13 = 18 \qquad 1 + 8 = 9$$

En Cábala numérica, el número analítico de Adán es, por lo tanto, 9. Ahora bien, obtenemos 10 añadiendo a 9 la unidad específica que vuelve el ciclo a su punto de partida y termina el análisis en la síntesis, y 10 es el número correspondiente a la letra iod: lo que era necesario demostrar.

El vocablo hierogramático Adan representará entonces la evolución nonaria de un ciclo emanado por la iod y que termina en el 10, regresando a su punto de partida. Principio y fin de todo, Iod eterna, revelada por su forma de expansión triuna.

Vayamos más lejos.

Tenemos pues el derecho (habida cuenta que Adan difiere de Iod o de Wodh como la reunión de los submúltiplos difieren de la unidad) es decir, siguiendo nuestro análisis:

Si Adan es igual a I.

Adan-ah es igual a I-ah: y Adan-Eva es igual a I-eve. Hé (ה) representa la vida universal, la Natura Naturante; יה representará entonces iod unido a la vida y אד קה (Adamah) Adan unido a la Vida. Es, en dos grados diferentes, la unión del Espíritu con el Alma universal.

Por último, en יהוה (IEVE) lo mismo que en יהוה (ADAN-EVA) Vau (ו) representa la fecundidad de esta unión y la última hé (ה), simboliza la Natura naturada (surgimiento de la Natura naturante aumentada por el principio mixto).

Estas cuatro letras (יהוה) IEVE simbolizan el cuaternario de la Mercavah, las seis letras de Adan-Eva (אדם-חוה) el senario del Bereschith.

NOTICIAS SOBRE LOS AUTORES QUE SE HAN OCUPADO DEL TAROT

Raymond Lulle — Cardan — Postel — Los Rosacruces — Court de Gebelin — Etteilla — Claude de Saint Martin — J. A. Vaillant — Christian — Eliphas Levi — Stanislas de Guaita — Josephin Peladan — The Platonist — Theosophical publications — F. Ch. Barlet — Poirel — Ely Star — H. P. Blavatsky — Ch. de Sivry — Mathers — Bourgeat — P. Piobb.

RAYMOND LULLE (1235-1315). Sabio eminente, fundador de un sistema filosófico, sobre todo de lógica, basado enteramente en las aplicaciones del Tarot; es el Ars Magna|

CARDAN (JEROME). Nacido en París en el año 1501, muerto en 1576. Profesor de matemáticas y de medicina en Bologna. Viajó por Escocia, Inglaterra, Francia, haciendo curas maravillosas. Su tratado de la Subtilidad (1550) está basado enteramente sobre las claves del Tarot.

POSTEL (GUILLAUME). Nació en el año 1510 en Dolerie (diócesis de Avranches). Enviado por Francisco I a Oriente, regresó cargado con varios manuscritos preciosos y fué nombrado profesor de matemáticas y de lenguas orientales en el Colegio de Francia. Murió en el convento de Saint Martin des Champs el año 1581. Fué uno de los más altos iniciados del siglo XVI. Halló la clave del Tarot; mas la mantuvo oculta como lo demuestra su obra: La Clave de las cosas ocultas (1580). Sus libros están en el index.

La misteriosa fraternidad de la Rosa-Cruz (1604). La Fama fraterninatis Rosoe Crucis (1613) muestra a los iniciados que los Rosa-Cruces poseían el Tarot, al cual describen del siguiente modo:

Poseen un libro que puede enseñarles todo cuanto se halla en los libros ya escritos y en los que podrán escribirse en lo futuro.

No olvidemos que estos Rosa-Cruces son los iniciadores de Leibnitz y los fundadores de la Masonería actual, atribuída a Asmhole.

Court de Gebelin. Nacido en Nimes el año 1725, muerto en París el 1784. Sabio ilustre. Halló el origen egipcio del Tarot. Ver su Mundo Primitivo (1773-1783).

Etteilla (1783). Hemos dado un resumen de sus métodos sobre el arte de hechar las cartas con el Tarot y de las aplicaciones de este juego a la Cábala.

Claude de Saint Martin. El filósofo desconocido. Nació el 1743 en Amboise, murió el 1803. Discípulo de Martínez Pascualis y de Jacobo Boehm, fundador de las órdenes llamadas Martinistas. Su libro: Cuadro natural de las relaciones que existen entre Dios, el Hombre y el Universo, está basado estrictamente sobre el Tarot.

J. A. Vaillant. Vivió muchos años entre los Bohemios y recibió por vía oral gran parte de sus tradiciones, las que resume en sus obras: Los Romes, la verdadera historia de los verdaderos bohemios. 1853). La Biblia de los bohemios. Clave mágica de la ficción y de los hechos (1863).

Christian. Bibliotecario del Arsenal. Publicó un manuscrito secreto sobre el Tarot, mezclando en él sus fantasías personales respecto a la astrología en su libro: El hombre rojo de las Tullerías (1854).

Eliphas Levi. El maestro contemporáneo del ocultismo que más a profundizado el Tarot. Su obra: Dogma y Ritual de la Alta Magia, está basada sobre el Tarot. Tuvo una vida sumamente novelesca; murió el 1870 dejando, según creo, una hija.

Stanislas de Guaita. Sabio cabalista contemporáneo. Hizo varias aplicaciones del Tarot a la cábala. Damos en este libro un extracto. Ver también: En el dintel del misterio (1886), El templo de Satán y la Clave de la magia negra.

JOSEPHIN PELADAN. Novelista famoso y cabalista eminente. Habla muy a menudo del Tarot en sus libros. (1885-1889).

THE PLATONIST (1886). Revista americana de Ocultismo. Dió un estudio bastante pésimo sobre las aplicaciones del Tarot a la horoscopia. Este estudio ha sido reproducido, sin indicar su origen, por la revista Theosophical Publications (Londres, 1888).

F. CH. BARLET. Uno de los más eruditos escritores que posee el Ocultismo francés. Transcribimos en este libro uno de sus trabajos sobre El Tarot Iniciático (1889).

E. POIREL. Ocultista. Editor del Tarot (1889).

ELY STAR. Autor conocido por sus interesantes trabajos sobre la Astrología. Los misterios del Horóscopo contiene un estudio muy importante sobre el Tarot y la nueva Onomancia.

H. P. BLAVATSKY. Esta eminente autora se refiere al Tarot en sus libros (Isis sin velos y la Doctrina Secreta), mas de una manera bastante superficial y sin ninguna base sintética.

CH. DE SIVRY. Ocultista de mucho talento, conocido principalmente por sus trabajos sobre la música. Debemos a su gentileza la comunicación de un resumen sobre nuestro libro.

MATHERS. Autor inglés, publicó recientemente un pequeño tratado de 60 páginas sobre el Tarot en el cual no hay nada original; se trata de un simple resumen respecto a los autores que se han ocupado del asunto. Este tratado contempla principalmente el arte de hechar las cartas.

BOURGEAT. A publicado recientemente un libro sobre el Tarot adivinatorio.

P. PIOBB. A analizado el Tarot en su Formulario de Alta Magia. Ver también Evolución del Ocultismo.

Estos son los autores que conocemos y que se han ocupado del Tarot. Puede que omitamos alguno. En tal caso nos apresuramos a presentarle nuestras excusas.

CONCLUSION

Llegado al término de nuestra marcha debemos echar una ojeada sobre el camino recorrido a fin de darnos cuenta de la verdadera importancia de nuestro trabajo.

Viendo a la ciencia materialista desmoronarse, a pesar del esfuerzo de sus defensores, bajo el impulso irresistible de los nuevos tiempos, nos vimos en la obligación de constatar la impotencia de los métodos exclusivamente analíticos y buscar las bases de una síntesis probable, exigida imperiosamente por todos los estudiosos.

Es entonces cuando la ciencia antigua nos fué revelada como la única que alcanza este método sintético, base inconmovible de sus descubrimientos científicos, religiosos y sociales.

Las sociedades secretas encargadas de transmitir este depósito sagrado perdieron la clave, al igual que los cultos; solamente los Bohemios y los Judíos han atravesado las generaciones con su biblia a cuestas, éstos con su Sepher de Moisés, aquéllos con el Tarot, atribuído a Thot Hermes Trismegisto, la Universidad triplemente jerárquica de la Sabiduría Egipcia (1).

El Tarot se nos ha mostrado como la traducción egipciana del libro de la iniciación, partiendo, al igual que esta clave —actualmente perdida— de la Masonería y de las ciencias ocultas.

¿Cómo descifrar este jeroglífico? ¿Cómo descubrir la agrupación misteriosa de estas láminas?

La facultad de concebir supone implícitamente la facultad de ejecutar, nos dice Wronski. Convencidos de esta verdad hemos

---

(1) Ver San Ives de Alveydre, *Misión de los Judíos*.

interrogado a la antigüedad venerable. Las esfinges, mudas para los profanos, han hablado; los antiguos templos han develado sus misterios, los Iniciados han respondido a nuestro llamado: cuatro letras enigmáticas nos han sido reveladas:

He	Vau	He	Iod

¡Sagrada palabra que ilumina la cima de todas las iniciaciones, objeto de respeto y de veneración para los sabios!

El Tarot traduce las combinaciones de IEVE, según nos lo ha demostrado su análisis; no obstante, a fin de frenar nuestra imaginación, hemos elegido como punto de partida para nuestro estudio un principio fijo e inmutable, capaz de prevenir cualquier error: *el número.*

Recién entonces hemos abordado el símbolo, y allí también tuvimos necesidad de orillar algunas dificultades. La historia del Tarot nos ha mostrado las transformaciones del símbolo al través de los pueblos y de las épocas, manteniendo, no obstante, la unidad de interpretación.

Por lo tanto, era necesario hallar para el símbolo, un principio igualmente fijo e inmutable en su combinación, como el hallado para el número; es precisamente lo que nos propusimos descubrir. El estudio referente al origen de los idiomas nos llevó a determinar 16 jeroglíficos originales, génesis de los primitivos alfabetos. Las 22 letras hebreas derivadas directamente de esos 16 jeroglíficos, nos ofrecen una base lo suficientemente *fija* para el *símbolo,* como para evitar cualquier error involuntario.

Gracias a la aplicación de estos principios, algunas informaciones, de un carácter muy general, nos fueron facilitadas respecto a la *Teogonía,* la *Androgonía* y la *Cosmogonía,* y mediante su ayuda pudimos construir un esquema en el que resumimos el simbolismo del Tarot.

Es entonces cuando quisimos demostrar que el Tarot era precisamente la *clave general* que habíamos prometido. Bastarían algunas aplicaciones para demostrarlo. La Astronomía, es, en razón de sus principios invariables, el plano de referencia por excelencia, cuando se quiere determinar el paso de una evolución y se yerra el verdadero camino, la Astronomía nos recuerda el sentido de la marcha del Sol y con ello la clave de todas las evoluciones posibles.

Es por no haber comprendido que el *Mito solar* no era sino la representación de esta *ley general de la evolución,* y no la especial ley de evolución del sol, que los gigantescos trabajos de Dupuis no dieron resultados prácticos. El método de las ciencias ocultas no es ni la inducción ni la deducción; sino la analogía, método hoy día desconocido y que el Tarot nos revela en todo su esplendor.

Hicimos después otras aplicaciones; hubiéramos podido todavía revelar la clave de la Filosofía, de la Santa Cábala, de la Teosofía, de la Fisiología del hombre y del universo; pero hemos preferido dar la clave y demostrar sus aplicaciones mediante algunos ejemplos, y detenernos allí.

Nuestro trabajo contiene algunas imperfecciones que hubiéramos deseado evitar. No obstante nos parece oportuno destacar que, de su conjunto, se infiere una conclusión evidente: la aplicación de métodos precisos para el estudio del ocultismo.

Es el conocimiento de las ciencias exactas contemporáneas lo que nos llevó al estudio del ocultismo; es partiendo del más crudo materialismo, del cual fuimos un ferviente defensor, como nos vimos empujados a trascender sus límites. Nos ha quedado de nuestra vieja conformación materialista el gusto por la metodología. Lo que obstaculiza la enseñanza de las ciencias ocultas, es la ausencia de método, pues Lucas había ya hecho notar que es necesario hacer marchar la física a la par de la metafísica para que se apoyen mutuamente; es lo que nosotros mismos hemos llevado a la práctica al desarrollar los principios fijos, tal como los números o las letras hebráicas, paralelamente a los principios metafísicos: símbolos o conceptos abstractos.

Lo que pierde en general a los ocultistas, es la falta de precición. Hemos hecho todo lo que pudimos para evitar este escollo, no sabemos si lo hemos logrado. El autor no puede juzgar su obra.

Sea lo que fuere, nos hemos visto forzados algunas veces a hablar de las ciencias ocultas, sin haber tenido el placer de entrar en detalles explicativos; he aquí porqué dedicamos este libro

A LOS INICIADOS

INDICE

INDICE

Sol. Robert Fludd, *Utriusque*
cosmi historia I, I,
Oppenheim 1617

Tarot de Marsella.
(Tarot de los Bohemios).
se terminó de imprimir en
enero de 2014.
La impresión de forros e interiores se
llevó a cabo en el taller de litografía de:
Berbera Editores, S. A. de C. V.